세 번의 깡통을 이겨낸 유수민식 주식투자 완전 정복기!

주식투자는
전략이다

유수민 지음

제가 주식투자의 길에 들어선 지도 어느덧 8년이라는 시간이 지났습니다. 그동안 저는 투자에서나 개인적으로나 수없이 많은 우여곡절을 겪었습니다. 제 개인의 신분변화만 봐도 개인투자자에서 펀드매니저를 거쳐 지금은 투자자문회사의 임원이니까요. 지금 이 책을 펴내면서 저는 스스로 과연 이런 책을 쓸 정도인가 하는 의구심이 들기도 하고, 한편으로는 독자들과 대면한다는 것에 부끄러운 생각이 들기도 합니다.

하지만 저는 아주 오래전부터 책을 출간하고자 했습니다. 그 이유는 주식이 충분히 투자의 대상이라는 것을 널리 알리고 싶었기 때문입니다. 제게는 주식이 투기가 아니라 진정한 투자의 대상으로 자리매김해야 한다는 열망이 있습니다. 그리고 오랫동안 주식투자를 해오면서 처절한 실패를 통해 주식투자의 해답은 가까운 곳에 있다는 것을 배웠습니다. 그것을 독자들과 함께 나누고 싶었습니다.

그러나 이 책을 출간하는 데에는 그보다 더욱 큰 목적이 있습니다. 독자 여러분들과 직접 머리를 맞대고 주식투자를 논할 수는 없지만, 이 작은 책을 통해 투자를 하려는 분이나 직접 투자를 하는 분들과 소통을 꾀할 수 있다는 것입니다. 비非제도권과 제도권을 오가면서 나름대로 주식투자에 대해 알게 된 조그만 지식들을 공유하고 더욱 진일보한 투자를 함께 할 수 있을 것이라는 자그마한 소망이 이 책에는 담겨 있습니다. 연애할 때의 첫 만남처럼 얼굴을 붉히면서 독자님들께 건네는 이 책은 저의 이렇게 많은 소망들을 담았습니다.

주식투자의 세계도 이젠 시대의 흐름에 따라 급변해가고 있습니다. 제가 비제도권에서 제도권으로 그리고 제도권에서 다시 다른 제도권으로 변화했듯이 투자의 방향과 흐름들도 많은 변화를 거친 셈입니다. 이제 주식투자자는 바로 이러한 변화의 감을 예측하고 대응해야만 합니다. 그러한 시대의 변화와 흐름에 맞춰 투자를 하시는 데 이 책이 작은 디딤돌이 되기를 바랍니다.

아울러 이 자리를 빌려 그동안 곁에서 도움을 주셨던 많은 분들에게 감사의 뜻을 전합니다. 저를 지금까지 있게 해준 부모님, 쌈짓돈으로 투자를 계속할 수 있도록 도와준 누님과 매형 그리고 결혼자금까지 투자자금으로 지원해주며 격려해준 막내형님, 가족들 모두 정말 감사합니다. 그리고 저를 능력 위주로 채용해주신 동양종합금융증권 전상일 사장님, 백창기 전무님, 강무희 상무님과 주식이 무엇인지 가르쳐주신 안창남 팀장님을 비롯한 주식운용팀 김진 과장님, 소성호 과장님, 송명준 대리님께도 감사의 말씀을 전합니다.

또한 하나님의 길로 이끌어주신 명진 씨와 나에게 주식의 큰 그림을 볼 수 있도록 도움을 주신 정재학 이사님 그리고 준영, 상민, 재호, 인식, 창주, 순근과 동양증권 수익률대회 입사자 모임인 MD 스탁 친구들, 또한 옆에서 항상 조언을 아끼지 않았던 최제헌 과장님을 비롯한 많은 분들에게 이 자리를 빌려 다시 한 번 감사를 드립니다.

그리고 세상에서 소외된 이들에게 작은 희망이라도 주고자 이 책의 수익금 전액은 불우한 이웃을 위해 사용됩니다. 작지만 항상 나눔과 베풂에 인색하지 않도록 신의 가호를 빕니다.

한강을 바라보며 여의도에서

유수민

　우리나라가 지식정보화 시대로 접어든 후 주식시장도 커다란 변화를 겪었습니다. 또한 지금 진행되는 전체적인 시장의 변화들은 한눈에 보기에도 굉장히 크게 여겨지는 게 사실입니다. 그리고 주식시장의 최일선에서 실제적인 경험을 하는 제 입장에서 이러한 변화는 상상을 초월할 만큼 큰 것 같습니다.

　우리는 농업경제-상업경제-산업경제-지식경제로 발전을 해왔습니다. 하지만 이렇게 생각해보면 어떨까요? 지식경제 대신 금융경제를 대치시킨다면 금융 분야에 종사하는 사람만의 아집이 될까요? 이제 금융은 국가와 경제를 움직이는 주된 동력이 되었습니다.

　그 중에서도 주식은 대단히 독보적인 위치에 있습니다. 투자자들에게는 이윤창출의 도구로, 기업에게는 자금의 소통창구로, 국가에 있어서는 경제활동을 가능하도록 하는 핏줄인 셈이지요. 이렇게 볼 때 주식은 그 자체만으로도 엄청난 존재 가치와 의미를 지닌 것이지요.

이 책의 저자도 이러한 주식의 존재 가치와 의미에 대해 확고한 철학을 지니고 있는 사람입니다. 어릴 적 어려운 생활을 탈피할 수 있는 돌파구로써 그가 선택했던 주식은 이제 그에게는 거의 전부나 마찬가지가 되었습니다. 그래서 이 책을 출간하려는 열망을 지속적으로 불태웠는지도 모릅니다.

그러나 그는 개인투자자에서 펀드매니저 그리고 현재 투자자문회사의 임원까지 이르는 화려한 이력처럼 투자의 현장에서도 수많은 우여곡절과 부침을 경험했습니다. '실패한 사람만이 성공의 가치를 안다'는 말이 있습니다. 그는 그 말을 잘 이해하고 있는 사람이며 실패를 자양분으로 성장한 입지전적인 인물입니다. 그렇게 봤을 때 그는 "나는 기업의 성공 사례에서 얻는 것보다 기업의 실패 사례에서 얻는 것이 더 많다고 여긴다"는 워렌 버핏의 말에 아주 충실한 사람입니다. 그의 인생이 그러했고, 투자도 그랬으니까요. 어쨌든 이 책을 읽는 독자들도 그의 모습을 통해 반면교사하시길 바랍니다.

대개의 주식 투자자들은 주식이 오르면 보통 환호하는 사람들만 보고, 내리면 한숨쉬는 사람만 봅니다. 이 책은 그러한 투자자들에게 기다림의 철학과 기업을 보는 눈 그리고 생활의 발견에서 얻어진 지식을 가지고 연상과 사고를 통한 투자의 해법을 보여줍니다.

그는 학습과 생활 중심의 투자를 해왔습니다. 오마하의 현자 워렌 버핏은 자신이 가장 잘 아는 기업에만 투자를 했다고 합니다. 벤

처기업들이 한창 주가를 올릴 때도 워렌 버핏은 그 기업들에 단 한 주도 투자하지 않았습니다. 자신이 그 분야를 잘 모른다는 이유와 함께 아직 수익모델이 없었기 때문이지요.

이처럼 주식투자란 자신이 가장 잘 아는 기업에 하는 것이 현명합니다. 모른다면 그 분야의 전문가 수준에 도달할 때까지 학습을 해야 하겠지요. 이런 점에서 이 책의 저자는 발상의 연관을 학습으로까지 끌고간 투자에 있어 진정한 노력파입니다.

이 책이 그러한 그의 노력을 다 보여줄 수는 없을지라도 단면들은 보여줄 수 있을 것입니다. 그 단면들을 서로 연결하다보면 그의 투자에 대한 철학과 지침들이 형상화되어 큰 그림으로 비쳐질 것입니다. 그리고 이 그림들을 이해하고 나서 그 그림을 주식시장에 클로즈업 해본다면 자신의 주식투자에 큰 그림이 그려질 것입니다.

부디 손을 놓지 마시고 끝까지 읽어보신 후 자신만의 투자를 위해 큰 그림을 그려 보시길 바랍니다.

－우리투자증권 상무 김남덕－

1장. 투자는 기본기가 중요하다

1. 오! 마이 주식투자!

2. 주식투자 기초는 마인드다

장. 투자의 답은 여기에 있다

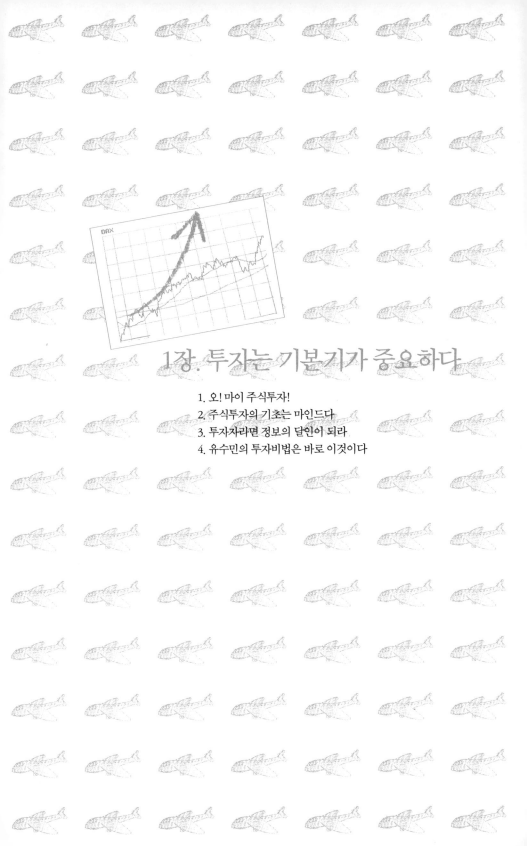

1장. 투자는 기본기가 중요하다

1_오! 마이 주식투자!

가난했던 유년 시절 그리고 아버지

나는 전북 고창의 조그만 한 시골에서 가난한 집안의 4남 1녀 중 막내로 태어났다. 그런데 내가 겨우 세 살이 되던 해에 어머니께서 돌아가셨다. 이로 인해 나는 보통 사람과 다른 유년 시절을 보내야만 했다.

어머니께서 일찍 돌아가셨다는 것은 나에게는 고생을 의미했다. 그리고 점차 철이 들면서 나는 아버지의 절망과 후회와 한탄을 알게 되었다. 아울러 세상에서 가장 슬픈 것은 뭐니 뭐니 해도 사랑하는 사람과의 헤어짐이라는 것도 알게 되었다. 아버지께서는 어머니가 돌아가시자 너무나 애통해한 나머지 한동안을 술로 보내셨다.

하지만 나는 나름대로 최대한 현실을 인정하려고 했다. 그래서 돌아가신 어머니도, 술로 허송세월을 보내는 아버지도 원망하지 않았다. 아버지께서는 젊은 나이에 홀로 되셨지만 재혼을 하시지 않고 5남매를 키우셨다. 정말이지 아버지는 우리를 위해 엄청난 희생을 하셨다.

그래서 지금도 내가 가장 존경하고 본받고 싶은 분이 아버지다. 아버지께서는 항상 우리 5남매에게 이런 말을 하셨다.

"나는 다른 집처럼 너희들에게 먹을 것과 입을 것을 잘 해줄 수 없다. 그리고 내세울 것도 별로 없다. 그래도 너희들이 공부 잘한다는 말을 들을 때는 정말 기쁘단다. 이상하게도 내가 아무리 힘든 일을 해도 너희들이 공부를 잘한다는 소리를 들으면 하나도 피곤하지 않더라. 또한 돌아가신 어머니도 너희들이 공부를 잘하고 의젓하게 자란 것을 보면 기뻐할 거다."

나는 어린 나이에도 아버지의 이 말씀을 가슴에 새겨 넣었다. 그리고 나는 아버지가 항상 기뻐하는 얼굴을 머릿속으로 그리며 열심히 공부했다.

그러나 학창시절을 되돌아보면 너무나 힘들고 어려웠던 기억들이 많다. 생활보호 대상자로 생활하다보니 학교생활에서도 주눅이 들었다. 초등학교 때 누님은 결혼을 했고, 아버지는 집을 떠나 인천의 한 공장에서 숙식을 시작했다. 아버지는 남의 집에서 품팔이를 하는 것으로는 자식들을 가르칠 수 없다고 판단했기 때문이다.

그래서 우리 형제는 어릴 적부터 끼니를 챙겨야만 했다. 스스로 밥을 해야 했고 반찬 또한 직접 만들어야만 했다. 그럼에도 불구하고 한참 성장할 때에 끼니를 거른 적이 너무나 많았다. 그때 도시락을 가지고 학교를 간다는 것은 너무나 힘든 일이었기 때문이다.

지금 생각하면 그때 어떻게 생활했는지 참 대견스럽게 여겨진다. 전기요금도 내지 못해 캄캄한 밤을 형님과 꼭 껴안고 잤으며, 겨울에는 보일러 시설이 없어 차디찬 바닥에서 생활을 했고 사시사철 쥐가 우글거리는 집에서 학창시절을 보냈다. 하지만 난 그런 것이 힘들지 않았다.

그러나 가장 참기 힘든 것은 자식들에게 일생을 바치시는 아버지의 모습이었다. 냉난방시설도 제대로 되어 있지 않은 공장의 쪽방에서 자식들만 생각하며 숙식하시는 아버지의 모습이 내게는 너무나 안타까웠다.

그래서 나는 결심했다.

'난 앞으로 절대 가난하게 살지 않겠어. 꼭 돈을 많이 벌어서 부자가 되겠어. 그리고 우리를 위해 고생하시는 아버지를 호강시켜 드리겠어.'

중학교 때 나는 성적이 항상 상위권에 있었다. 그러나 내가 고등학교를 진학할 때쯤 우리 가족은 모두 뿔뿔이 흩어져 있었다. 형님들도 공부를 잘하셨지만 집안 형편상 고등학교 진학을 미루고 사회생활을 먼저 한 후 돈을 벌어 직접 야간 고등학교에 진학해야만 했다. 형님들은 누구의 뒷바라지도 없이 독서실 등에서 스스로 숙식을 해결하며 공부를 해나갔다.

나도 그런 형님들의 길을 뒤따라 걸어가야만 했다. 인문계 고등학교에 가길 원했지만 집안 사정상 그 당시 전국에서 손꼽히던 전북기계공고에 진학할 수밖에 없었다. 나를 뒷바라지 해줄 사람도 없었고 학비 또한 누가 충당해줄 수 있는 여건이 아니었기 때문이다. 게다가 다들 흩어져 사는 마당에 허름한 시골집에서 혼자 산다는 것도 무리였다.

그리고 무엇보다 일평생 자식들 뒷바라지로 고생하시는 아버지를 볼 때마다 공부보다는 당장 돈을 벌어야 한다고 생각했다. 공고를 진학하여 기술을 배워 빨리 사회에 나가 돈을 벌고 싶었다. 다행히 중학교 때 우수한 성적을 받아서 국립이던 전북기계공고에 입학할 때, 모든 수업료와 경비가 지원되었고 기숙사에서 생활할 수 있었다.

지금도 나의 선택에 대해서 후회는 없다. 당시 나에게는 그 길밖에 없었고 스스로 용기 있는 결정을 했다고 생각한다.

아무런 준비 없이 뛰어든 주식투자의 길

나는 고등학교를 졸업하고 나서 큰형님 댁에서 더부살이를 했다. 형님과 형수님은 나를 편하게 대해주셨다. 그러나 형님께서는 나의 진로에 대해서 많은 걱정을 하셨다.

"너 중학교 때 공부 잘했지? 남들처럼 부유한 집안에서 태어났으면 지금쯤 대학생이 되었을 텐데."

"형, 다 지난 일이잖아요."

"그래. 하지만 앞으로가 더 문제다. 너도 이젠 비전 있는 직장을 선택해야 할 텐데. 혹시 계획을 세워 둔 거라도 있니?"

"……."

"마침 내 친구 하나가 미용실을 하고 있는데 수입이 쏠쏠하다고 하더라. 요즘은 직업에 남녀 구분이 없잖아. 그리고 요즘은 젊은 남자들도 외모에 신경을 엄청 많이 쓴다고 하더라. 네가 미용 기술을 익히면 먹고 사는 데는 큰 지장이 없을 거라고 보는데……."

사실 당시에 나는 대학 진학을 목표로 공부를 한 것도 아니었다. 그렇다고 뚜렷하게 다니고 싶은 직장이 있었던 것도 아니었다. 그러던 차에 형님께서 없는 형편에 미용을 배워보라고 목돈을 쥐어 주셨다. 그래서 나는 당시에 남자로서는 획기적인 미용학원을 다녔다.

하지만 적성에 맞지 않아서 중도에 포기를 하고 바로 군에 입대했다. 그리고 군 생활은 나에게 큰 변화를 안겨주었다. 거기서 나는 많은 생각을 할 수 있었고, 수많은 사람과 부대끼면서 갖가지 인간관계를 경험하게 되었다. 그리고 불투명한 앞날에 대해 항상 고민을 하던 나는 드디어 진로를 선택할 계기를 접하게 되었다.

그때가 바로 IMF로 인해 우리나라에 경제위기가 왔을 때다. 특별한 기술이 없어서 제대 후에 무엇을 할까 고민을 하던 나는 우연히 휴게실에서 TV를 보게 되었다. TV에서는 좋지 않은 경제 상황에 대한 보도가 끊이지 않았다. 그때 내 귀에는 주식에 대한 이야기가 많이 들렸다.

그 당시 나는 주식株式의 주株자도 몰랐다. 하지만 주식의 문외한이던 나에게도 한 가지 분명한 생각이 있었다.

'모름지기 주식이라는 건 이럴 때 사두어야 한다고.'

그렇게 IMF를 계기로 군대에 있으면서 경제와 주식에 관심을 가져야겠다고 처음 생각했다. 그러다가 시간이 지나면서 주식투자야말로 내가 할 일이라는 것을 깨닫게 되었다.

'하루아침에 주가가 폭락해서 깡통을 찼다면 반대로 하루아침에 대박을 낼 수 있다는 말이잖아? 게다가 주식투자는 학력이나 나이를 따지지 않고 오로지 실력으로 승부를 걸 수 있고. 그렇다면 주식투자에 일생을 걸어보는 것도 좋겠어. 나는 벌어 놓은 돈도 없고 물려받은 재산도 없는데 잃으면 얼마나 잃겠어. 아냐, 악착같이 주식투자에 매달려서 꼭 부자가 되고 말겠어.'

군 제대 후 나는 얼마 동안 친구들을 만나면서 시간을 보냈다. 그리고 어느 날 약속 장소에서 친구를 기다리다가 근처 서점에서 주식 관련 책을 샀다. 수십 가지의 주식책 중에서 우선 제일 쉬운 걸로 골랐다. 그 책을 산 것을 계기로 드디어 주식공부를 하게 되었다.

점차 친구들과의 연락도 뜸해지고 만나는 일도 적어졌다. 하루는 직장에 다니던 한 친구가 내가 주식공부에 빠져 든 것을 눈치 채고 조언을 했다.

"뭐? 네가 주식투자를 한다고? 지금이 어떤 땐데 주식투자를 하냐? 너 군대에 있어서 사회 돌아가는 걸 모르는 것 같은데 주식투자하는 사람들 지금 다 알거지가 된 거 모르냐? 주식투자를 해서 돈을 벌 수 있었다면 내가 진즉에 주식에 투자했을 거다. 야야, 너 한시라도 빨리 그 꿈에서 깨어나라."

"주가가 폭락할 때가 있으면 폭등할 때도 있는 거 아니야? 난 언제까지 주식이 바닥을 치고만 있을 거라고는 생각지 않아. 이런 때 싸게 주식을 사두어야 나중에 주가가 올라갈 때 대박을 터뜨리는 거잖아. 넌 월급쟁이이니까 다달이 타먹는 월급에 익숙해졌을 수도 있어. 물론 그것도 좋기야 하겠지만 그것으로는 아파트 한 채도 사기 힘든 게 현실이잖아. 난 주식투자를 해서 꼭 부자가 되고 말거야. 두고 봐."

"이 자식 진짜 제정신이 아니네."

물론 그 당시 친구의 말을 듣고서 망설임이 없었던 것은 아니다. 하지만 주식책을 한 장 한 장 넘기면서 더욱 큰 확신이 들었다.

'그래, 내 결정이 틀리지 않아. 주식투자야말로 부자의 길로 가는 길이야. 오로지 이것만이 내가 어릴 때부터 소원했던 부자의 반열에 들어서는 길이야.'

사실 당시 경제는 그리 크게 호전되지 않는 상황이었다. 수많은 기업이 도산하고 문을 닫는 마당에 내가 특별하게 할 수 있는 일도 없었다. 그러나 나는 지금이야말로 빠른 시간 내에 주식투자로 큰 돈을 벌 수 있는 기회라고 생각했다. '위기가 기회다'라는 말을 채

알기도 전에 실행에 옮기고 있었던 것이다.

그렇게 해서 나는 나의 꿈을 실현하는 첫 발걸음을 실행에 옮기게 되었다. 1999년 직접 증권사에 찾아가서 계좌를 만들면서 나는 드디어 주식에 입문하게 된 것이다. 그렇게 정말 아무것도 모른 채 주식과의 전쟁은 시작되었다.

지하 단칸방에서 시작한 3년간의 전쟁

내가 처음 주식투자를 시작한 곳은 증권 객장이었다. 그러다가 나는 큰형 집에서 나와 인천에 있는 막내형 집에서 살게 되었다. 그 당시 막내형 집은 3평 남짓한 지하방이었다. 그 당시 HTS 시스템을 이용한 데이트레이딩이 한창 붐을 일으키고 있었다.

이때부터 나는 집 근처에 있는 PC방에서 매매를 하게 되었다. 그 당시에는 내 컴퓨터가 없었기에 항상 PC방을 이용해 매매를 했다. 아침에 눈만 뜨면 PC방으로 달려가서 주식 시세표를 바라봤다.

매일 약속이나 한 듯이 아침 8시부터 오후 4시까지 PC방에서 살았다. 점심도 먹지 않은 채 PC방에서 몇 개월을 있다보니 주인이 먼저 아는 척을 하며 지정석도 내주었다.

하지만 가끔 내가 PC방 주인이 앉아 있는 카운터를 쳐다볼 때면 주인은 나를 한심스러운 눈으로 바라보는 눈치였다. 젊은 사람이 날마다 하루 종일 앉아서 주식시세표만 보고 있으니 답답해 보였을 것이다. 땀 흘려 일해 돈을 벌 생각은 하지 않고 매일 PC방에 나와 죽치고 앉아 죽어라고 주식시세표만 보는 나를 PC방 주인은 얼마나 한심스럽게 봤을까?

매일 PC방으로 출근하는 내가 측은했던지 하루는 막내 형님이 나를 불러 세웠다.

"수민아, 내가 주식투자 하는 것을 도와줄 테니 열심히 해봐라. 너는 머리가 좋고 집중력이 있으니까 무엇이든 잘 할 수 있을 거다. 널 믿는다."

그러면서 평상시 쓰지도 않던 신용카드를 선뜻 내주었다. 나는 막내형이 너무나 고마웠다. 그리고 그 카드를 사용해 나는 장기 할부로 컴퓨터를 샀다. 그 당시만 해도 주식을 하면 다들 깡통을 차는 것으로 여기거나 미친 사람으로 취급했다. 그런데도 막내형은 나를 믿고 후원을 해주었다.

그렇게 해서 드디어 PC방 생활을 접고 막내형의 3평 남짓한 지하방에서 나의 전업생활이 시작되었다. 말이 3평이지 조그만 침대 하나와 컴퓨터 한 대 달랑 놓으니 방은 이미 발 디딜 틈이 없었다. 하지만 나만의 공간과 컴퓨터가 있다는 것에 너무나 감사할 따름이었다.

형님이 출근할 때 같이 일어나서 나는 컴퓨터 앞에 앉아 장이 끝날 때까지 거의 자리를 비우지 않고 매일 시장에서 매매를 했다. 그리고 장이 끝나면 바로 쓰러져 잠이 들고 눈을 뜨면 컴퓨터 앞으로 가 주식투자에 대해 공부했다. 나름대로 신문, 서적, 잡지, 인터넷을 통해 해외시장과 국내 자료 그리고 기술적인 자료 등을 통해 지속적으로 공부를 해나갔다.

그러면서 하루도 빠짐없이 매매를 했다. 하루에도 수십 번씩 종목을 사고팔았다. 그런데 난 매번 10원, 20원, 30원 등 이익이 난 것으로 판단했는데 자꾸 계좌 잔고가 줄어들었다. 참으로 이상한 일이었다. 나는 매매를 해서 이익을 냈는데 왜 계좌 잔고가 줄어들까? 너무나 궁금해서 거래하던 지점에 전화를 걸어 보았다.

"내가 산 주식의 주가가 올랐다는데 왜 제 계좌 잔고가 이렇게 줄어듭니까?"

"고객님 잠시만 기다려주세요."

그러고 나서 여직원이 상냥한 목소리로 이야기를 이어갔다.

"고객님, 고객님의 계좌 잔고는 정확합니다. 확인 결과 주식을 매매할 때마다 수수료와 세금이 부과되는데 그것을 고객님이 잘 이해를 못하고 계시는 것 같습니다."

"뭐라고요? 세상에 뭐 그런 것도 내야 하나요?"

난 다시 한 번 여직원에게 물어 봤다.

"고객님, 주식을 거래할 때는 증권사에 수수료가 적용되고 매도를 할 때에는 세금이 따로 적용됩니다."

너무나 충격적이었다. 증권사가 도둑처럼 여겨졌다. 그래서 화가 나서 계좌의 돈을 모두 출금하겠다고 했다. 그런데 더 충격적인 것은 바로 출금이 안 되고 3일 뒤에나 출금이 가능하다는 것이었다. 지금 생각해보면 아무것도 모른 채 주식시장에 뛰어든 내가 정말 한심하게 여겨진다.

악몽 같았던 세 번의 깡통

나는 지금까지 8년여의 주식투자 기간 동안 투자 초기에 세 번의 깡통계좌를 경험했다. 깡통계좌를 경험하게 되면 그 고통은 말로 표현할 수가 없다. 누구에게나 자기 돈은 소중하기 때문이다. 그 기간 동안에는 불안, 초조, 스트레스, 불면증 등 온갖 정신적 고통이 뒤따른다.

그래서 주식투자를 섣불리 해서는 안 된다. 그리고 준비가 안 되고 공부를 게을리하는 개인투자자는 절대 주식투자를 하면 안 된다고 나는 자신 있게 말한다.

초기에 매매를 할 때 나는 TV의 뉴스, 신문의 주식관련 뉴스, 인터넷 사이트와 게시판 등 쉽게 접할 수 있는 정보를 맹신하고 투자를 했다. 회사에 대해서 알아보거나 공부도 하지 않은 채, 대중매체가 어떤 종목이 앞으로 좋다고 하면 아무 생각 없이 그 종목을 매수했던 것이다.

그러나 주식은 대중매체의 예측대로 움직이지 않았다.

'언젠가는 오르겠지. 그래도 언론에서 말한 종목인데.'

이렇게 해서 나는 손절매도 하지 않고 계속 주식을 보유하다가 큰 손실을 본 적이 많았다.

맨 처음 나는 군대 가기 전에 아르바이트로 벌어 놓았던 300만 원으로 투자를 시작했다. 그 당시 신문에서 연일 한국합섬, 방림 등이 좋다고 해서 그 주식들을 샀다. 방림에서 첫 매매를 했는데 처음에는 이익이 조금 났다. 그래서 방림을 팔고 그 돈으로 한국합섬을 샀는데 주식이 오를 때도 있고 내릴 때도 있었다.

여전히 나는 주식에 대해선 아무것도 모르고 있었다. 그러다가 ARS로 종목에 대해 상담을 했다.

"지금 반등시점이 되었습니다……."

ARS는 매번 비슷한 이야기만 했다. 그래서 난 장기보유로 가자고 생각했다. 떨어지면 물타기를 더하고, 더 떨어지면 또 미수를 써서 더 사고 계속 그렇게 반대매매를 한 적이 많았다. 하지만 그 종목에만 집착하다보니 나중엔 거의 내가 산 가격의 반 토막이 나버렸다. 더욱이 미수 몰빵까지 하다보니 4개월 정도 지나자 거의 깡통계좌가 되어버렸다. 그리고 나중에 그 종목은 회사가 부도나 관리종목에 편입되었다.

ARS에 많은 돈을 지불했지만 돌아온 것은 나에게 큰 정신적 고통과 금전적인 손실뿐이었다. 어디에 하소연 할 수도 없었다. 나중에 알게 된 사실은 ARS는 항상 반등한다, 오른다 이런 이야기만 한다는 것이었다.

모름지기 깡통계좌를 피하기 위해서는 회사에 대한 분석을 기본으로 해야 한다. 당연히 재무구조가 안정적인 회사가 최우선이 될 수밖에 없다. 언론 매체를 맹신해서는 안 되고 자기가 매매하는 종목에 대해 꾸준히 공부해야 한다. 한국합섬의 경우를 겪은 후 난 업황과 기업분석을 왜 해야 하는지 알게 되었다. 그리고 주식투자에도 공부가 절대적으로 필요하다는 것을 절감했다.

그 당시 난 친구들도 거의 만나지 않고 열심히 주식투자를 했는데 깡통계좌를 경험하고 나니 잠도 이룰 수 없었고 식욕마저 떨어졌다. 그때 나는 점점 폐인이 되어 가고 있었다. 그렇게 첫 번째 깡통을 맞고 얼마가 지나자 나는 다시 오기가 발동했다.

그래서 누나에게 돈을 빌려 다시 한 번 매매를 하기로 마음먹었다. 이번에는 주식공부를 하는데 거의 모든 시간을 보냈다. 신문, 인터넷, 잡지, 서적 등 주식에 관한 사항이라면 하나도 빠뜨리지 않고 다 봤다. 그 당시 인터넷 게시판에는 초단타를 잘해서 큰 돈을 벌었다는 사람의 이야기가 인기였다.

그래서 나도 누나에게 빌린 돈으로 초단타 매매를 하기로 결심했고 초단타 매매에 대해서 집중적으로 공부하기 시작했다. 장 시작부터 장이 끝날 때까지 모니터만 보면서 초단타 매매를 했고 매매가 끝나면 지쳐 쓰려져 바로 잠을 잤다. 그런데 이런 생활에 점점 익숙해져 가는데도 이상하리만치 계좌 잔고는 여전히 늘어나지 않았다.

그러던 중 단타로 초저가에 중앙종금을 매매했다. 초저가이면서 4~5일 동안 너무 많이 하락하여 반등을 줄 거라고 생각하여 매수했는데, 결국 그 주식은 부도가 나서 거래정지가 됐다. 그때는 정말 울고 싶었다. 그리고 세상이 나를 버렸다는 생각마저 들었다.

그 후에 그 종목은 결국 정리매매가 됐고 25원에 거래를 마치고 상장폐지가 되었다. 정말 주식이 한 순간에 휴지가 된다는 것을 경험하게 되었다. 그렇게 또 한 번의 깡통을 경험한 것이다.

그러나 더욱 잊을 수 없는 것은 세 번째 깡통이었다. 더욱이 그 자금은 막내형이 직장생활을 하면서 결혼할 때 쓰려고 매월 50만 원씩 적금을 든 것이었다. 몇 개월만 더 부으면 만기가 되는 적금이었다.

내가 두 번의 깡통을 맞고 투자할 자본금이 없자 막내형은 내가 측은했던지 격려를 해주면서 슬그머니 그 돈을 내게 내밀었다.

"짜아식. 남자가 그 정도 일 갖고 곧 죽을 사람처럼 하고 다니면 되겠냐? 성공한 사람들도 누구나 한 번쯤은 실패를 겪어봤을 거다. 진정으로 성공하는 사람은 실패에 좌절하지 않고 그것을 극복한 사람이라고 본다. 수민아, 한 번 더 해봐라. 나는 네가 최선을 다해 일에 매진하는 모습이 보기 좋더라. 어머니도 그런 너를 보면 대견해할 거다. 자, 이 돈으로 주식투자를 다시 한 번 해봐라."

막내형은 그렇게 망설임 없이 결혼적금을 해약하여 내게 종자돈을 마련해 주었다. 그래서 나는 다시 용기를 내어 주식을 시작하게 되었다. 그 후 나는 초단타와 스윙투자를 병행했다. 그러나 그것이 또 한 번 아픔을 주리라고는 전혀 예상하지 못했다.

지금도 그때를 생각하면 눈물이 나올 때가 많다. 세 번째의 깡통은 너무나 간단했다. 아마 여러분들도 뉴스에서 많이 나온 종목이라 잘 알 것이다. 어느 경제신문에서 한국디지털라인이라는 회사가 너무나 전망도 좋고, 기술력 또한 뛰어나다고 소개되었다. 당연히 나는 그 회사에 관심을 가지고 주의 깊게 보고 있었다.

그러던 중 한국디지털라인이 대박이 난다고 작전이 들어갔다는 소문이 돌았는데, 난 그것을 맹신하고 매수했다. 그러나 남는 것은 한국디지털라인이라는 회사의 주가조작 사건과 부도, 상장폐지였다. 당연히 나의 계좌는 세 번째의 깡통을 맞게 되었다.

도무지 믿을 수 없는 일이었다. 결혼적금까지 깨서 나를 밀어 준 막내형의 얼굴을 바라볼 수가 없었다. 막내형의 얼굴이 자꾸 떠올랐다. 나도 모르게 하염없이 눈물이 흘러내렸다. 나는 넋이 나간 사람처럼 어딘가를 향해 무작정 걸었다.

매매일지와 매매원칙을 수립하다

나는 그때 인천 앞바다에 몸을 던지려고 생각했다. 하지만 나를 믿고 도와준 가족들과 아버지의 얼굴이 떠올랐다. 그리고 속으로 다짐했다.

'그래, 죽을 때 죽더라도 어렵게 생활하는 형님과 누님에게 진 빚은 갚고 죽자.'

하지만 하염없이 흐르는 눈물은 주체할 수 없었다.

그날 나는 인천 앞바다를 방황하다 집으로 돌아왔다. 저녁 늦게 퇴근을 하고 돌아온 형이 뭔가 심상치 않다는 것을 눈치 챘는지 나에게 말했다.

"무슨 일이 있냐? 너답지 않게 왜 그러냐? 너 오늘 손실 많이 났나보구나. 짜아식, 그럴 수도 있지. 우리가 어디 고생을 한두 번 해봤냐? 우리 어렸을 때를 생각해봐."

그리고 말을 이었다.

"너 이럴 게 아니라 잠시 머리도 식힐 겸 내 직장에서 아르바이트를 하는 게 어때? 시간을 두고 다시 한 번 준비를 하면 좋을 것 같은데. 인생이란 오뚝이야. 쓰러지면 일어나고 쓰러지면 일어나고 하는 거 말이야. 그러다 보면 성공하는 거 아니겠어. 포기하지 말고 다시 한 번 힘내봐라."

형은 이렇게 내게 용기를 주었다. 나는 거듭 막내형에게 고마움을 느꼈다.

그렇게 해서 나는 주말에 형의 직장에서 아르바이트를 시작하게 되었다. 결혼식 피로연이나 돌잔치, 환갑잔치와 같은 행사에 음식과 음료수를 나르는 일이었다. 그렇게 아침 일찍부터 밤늦게 행사가 끝날 때까지 아르바이트를 해서 8만 원을 받았다. 그리고 3개월간 아르바이트를 하다 보니 생활비로 쓰고 남은 돈이 50만 원쯤 모였다.

'마지막으로 다시 한 번 주식투자에 내 인생을 한 번 걸어보자. 이제 여기서 물러날 수도 없고 물러서면 다시 인천 앞바다로 향할 수밖에 없어.'

그렇게 50만 원을 계좌에 입금하고 다시 주식투자의 전쟁터에 뛰어들었다. 이번에는 정말 마지막이라는 생각을 했다. 그렇게 비장한 각오를 하게 되니 머릿속에 갖가지 생각이 떠올랐다.

'나는 왜 세 번의 깡통을 차게 된 것일까? 지금까지 공부가 잘못된 것인가? 대체, 무엇이 문제일까? 책도 많이 보고 인터넷도 많이 뒤졌는데 왜 깡통을 차게 됐을까? 이젠 이제까지의 방법을 다 버리고 새로 시작해야겠어. 이제는 나만의 방법을 찾아야겠어.'

그리고 나는 책에서 말하는 대로 매매하지 않기로 했다. 또한 신문, 인터넷 등 대중매체의 매매방식이나 추천종목은 아예 거들떠보지 않기로 했다. 이렇게 해서 난 나만의 방식으로 매매일지를 작성하게 되었다.

물론 그 전에도 매매일지를 작성하고 있었다. 하지만 간단하게 메모하는 수준에 불과했기에 주식투자를 하는 데 있어 참조할 게 거의 없었다. 앞으로는 아주 자세히 그리고 구체적으로 종목변화와 시장흐름 등을 적기로 마음먹었다. 매매일지를 통해 나의 주식투자의 장점과 단점을 쉽게 파악할 수 있을 것으로 생각되었다. 그리고 매매일지를 바탕으로 나의 장점을 계속 살려나간다면 꾸준히 수익을 낼 수 있겠다 싶었다. 이렇게 만반의 준비를 하고 나니, 한결 마음이 편해졌다. 전에는 나침반 없이 산 속에 떨어진 채 우왕좌왕했다면 이번에는 정확한 방향을 알려주는 나침반을 손에 쥔 것 같았다. 자신감이 생겼다.

그리고 얼마 후 매매를 다시 시작하게 되었다. 나는 아침 동시호가부터 움직임을 자세히 적고 장 시작 후 거래량, 주가 움직임, 호가변화 등을 5분에서 10분 단위로 자세히 적어갔다. 몇 개월을 그렇게 매매일지를 적어나갔다.

3개월이 지나자 나도 모르게 놀라운 변화가 일어나기 시작했다. 매매철칙, 손절매, 매수타이밍, 매도타이밍 등 나만의 매매방식이 저절로 만들어진 것이다.

'그래, 바로 이거였어. 이제까지 이것을 찾지 않고 남이 말하는 대로 주식투자를 해온 게 잘못이었어. 내가 직접 만들어 놓은 매매방식이 나에게 딱인데 말이야.'

그리고 시간이 흘러 매매일지를 쓴 지 1년이 된 시점에는 안정적으로 꾸준히 수익이 창출되었다.

지금도 나는 매매일지를 작성하고 있다. 이것이야말로 나에게 가장 큰 힘을 주는 재산이다. 독자 여러분들에게도 매매일지 쓰기를 적극 권한다. 간단하게 요약하여 작성하지 말고 변화와 흐름 등을 아주 자세히 적다 보면 자기도 모르는 사이 자신만의 매매방식이 생겨날 것이다.

이렇게 매매일지를 쓰고 나자 내공이 점점 늘어갔다. 그러면서 주식투자의 감을 잡을 수 있었다. 그러나 수익이 났다가 안 났다가 매번 반복만 하면서 계좌가 항상 정체 상태였다. 그것을 분석해보니 이익을 내는 것은 꾸준했지만 손실이 날 때 크게 났다. 그래서 난 곰곰이 생각했다.

'손실이 날 때 약간의 손실로 막기만 하면 꾸준히 이익을 낼 수 있겠어.'

손절매의 중요성을 절감한 것이다. 그 후 손절매 원칙을 세우고 지켜나가자 계좌잔고는 기하급수적으로 늘어났다. 그리고 손절매 원칙을 정립한 후 6개월이 지나자 어마어마한 수익이 발생했다.

나는 그동안 도와준 막내형에게 계좌의 수익을 보여주었다. 막내형은 계좌를 보고 기뻐서 어쩔 줄 몰라 했다. 그렇게 해서 3년간의 지하 단칸방 생활을 접을 수 있었다. 그리고 막내형과 함께 햇빛도 들어오고 전망도 좋은 8층 오피스텔을 얻어서 이사도 갈 수 있었다. 또한 누님에게 빌린 돈은 이자를 쳐서 갚아주었다. 그 후 가족들과 주위 사람들의 돈을 관리해줘 많은 이익도 내게 되었다.

그렇게 3년간 주식과의 어려운 싸움에서 나만의 매매방식을 개발하고 정립하면서 나는 자신감을 얻었다. 또한 정말 진정한 노력은 결코 등을 돌리지 않는다는 진리도 알게 되었다.

나는 요즘에도 주식투자를 하는 분들에게 항상 이런 말을 한다.

"자기만의 매매일지도 적지 않고, 또 공부도 하지 않으면서 큰 수익을 원한다는 것은 허황된 꿈이라는 것을 명심하시기 바랍니다."

최단기 최고의 수익률로 펀드매니저가 되다

나는 주식투자를 하는 도중에 인천의 한 야간대학교에 입학했다. 비록 늦깎이 대학생이었지만 대학생활은 나에게는 너무나 소중하고 행복한 인생의 한 부분이었다. 이때 나는 독학으로 컴퓨터학과 학사학위와 5개의 자격증을 취득했다.

그러나 나는 여기에서 만족하지 않고 우리나라 최고의 펀드매니저가 되는 목표를 세웠다. 하지만 나는 좋은 학력도, 든든한 배경도 없었다. 그래서 수익률 대회에 참가해 좋은 성적을 내 증권사에 입사하는 방법을 선택했다.

나는 닥치는 대로 수익률 대회에 참가했다. 처음에는 대회에서 낙오도 많이 했다. 그러다 시간이 조금씩 지나자 입상을 하나 둘씩 하게 되었다. 내가 처음으로 1등을 할 수 있겠다는 자신감을 가지게 된 것은 굿모닝 빅게임이었다. 온 힘을 다한 결과, 대회 막판까지 줄곧 1등을 했다. 그러다가 1등을 굳히겠다는 마음으로 하한가 따라잡기를 했다. 그러나 그 종목은 하한가가 잠시 풀리더니 바로 하한가 3방을 가는 것이 아닌가? 결국 그 대회에서는 7등에 머물렀다. 그러나 이를 계기로 나는 두 번 다시 하한가 매매를 하지 않게 되었다.

그 후 나는 동원증권대회에서 1등을 했다. 수익률이 작아 그렇게 큰 호응을 받지 못했지만 나는 우승에 만족했다.

그러던 어느 날 드디어 나에게 큰 기회가 왔다. 하루는 형님에게서 전화가 걸려왔던 것이다.

"수민아, 동양증권에서 대회 3등까지 입상하면 회사에서 특별채용을 한다더라."

나는 내 꿈을 이룰 수 있을 것 같은 기분에 들떴다. 전화를 받자마자 바로 계좌개설을 하고 대회에 참가신청을 했다.

사람들은 대개 수익률 대회에서 몇 %의 수익을 냈느냐에 관심을

갖는다. 높은 수익을 내면 다들 부러워한다. 하지만 내 생각은 다르
다. 몇 %의 수익을 냈느냐보다는 얼마나 안정적으로 꾸준히 수익
을 내느냐가 훨씬 중요하다.

전에 전업 투자를 할 때다. 어떨 때는 1~2주일 사이에 몇 백 %
의 수익을 올린 적도 있지만 손실도 많이 봤다. 그래서 월말에 계좌
를 보면 항상 거기서 거기였다. 항상 '고수익을 올렸을 때 매매를
자제할걸' 하고 후회를 많이 했다. 그래서 나는 계좌관리가 매우 중
요하다고 생각했다. 그 후 나는 모든 매매에서 수익률보다는 안정
을 최우선으로 생각하고 매매를 했다. 확실치 않으면 매매를 자제
한 것이다.

하지만 동양증권대회는 수익률 대회여서 단기간에 많은 수익을
내야 했다. 그때 나는 초기 자본 200만 원으로 시작했다. 대회종료
까지 1달 남짓 남은 것처럼 보였지만 명절이 포함되어 있어 실질적
으로 매매할 수 있는 날은 겨우 3주 정도였다.

나는 정말 후회 없이 최선을 다했다. 거래 일수는 정확히 18일이
었고 회전율은 대회종료 때 확인했더니 84,000%가 조금 넘었다.
그만큼 그 대회에서는 매매를 많이 했던 것이다. 아침 8시부터 오
후 4시까지 밥도 먹지 않고 모니터를 지키며 대회에만 집중했다.
그리고 철저하게 스켈 위주로 매매를 했다. 오르는 종목 위주로 공
략을 했으며 스켈 매매에서 당일 하락종목은 절대 쳐다보지 않았
다. 지금도 당일 매매는 절대 빨간 불만 매매하고 파란 불은 매매하
지 않는다는 것이 내 매매철칙 중 하나다(단, 중장기는 예외다). 또

한 이와 함께 2차 상승이 예상되는 종목을 추려 약간의 스윙매매를 병행했다.

당시에 워낙 많은 종목을 매매해서 어떤 종목을 샀는지조차 지금은 기억나지 않는다. 하지만 주로 스켈 위주로 매매를 했고 하루 매매 회수가 무척 많았다는 것은 기억한다. 그때 승률이 약 80~90% 정도였던 것 같다. 주로 스켈 위주라서 그만큼 매매도 많았지만 종목선정을 수시로 했고 오르는 종목 위주로 그때그때 선정하여 공략했다.

특히 손실이 날 때는 기계적으로 손절매를 해서 손실을 최소화했고, 또 상승하는 종목을 잘 찾아 항상 복리로 수익을 냈다. 그렇게 해서 3주 만에 909%의 수익을 냈다. 그때 나는 항상 풀 미수로 배팅을 했다. 마침내 대회가 끝나고 보니 초기 자본 200만 원이 2천만 원을 넘어 있었다.

요즘도 그때의 매매일지를 볼 때가 있다. 나의 매매내역은 돌파매매, 눌림목 매매, 종가관리 매매와 같이 보통 사람들이 매매한 것과 아주 비슷하다. 하지만 중요한 것은 당시 매매할 때 항상 매매원칙을 확실히 지키고 매매를 했다는 것이다. 이때 나는 나의 장점이라고 할 수 있는 손절매를 칼같이 했다.

독자 여러분들에게 여러 차례 강조하지만 자기 체질에 맞는 매매기법을 찾고 원칙에 따라 매매를 한다면 틀림없이 기대 이상의 수익을 낼 것이라 확신한다. 매매일지를 쓰는 것은 기본이며 그 기본을 바탕으로 항상 무엇인가 결과를 돌출해야 한다.

결국 나는 동양증권 영 파워랠리에서 통합 1위를 했고, 이를 계기로 동양증권의 핵심 부서인 자산운용본부의 펀드매니저가 되었다. 처음 한 달간은 시스템 적응만 하고 별다른 수익을 못냈다. 하지만 그런 부서는 수익을 내지 못하면 바로 퇴출이었다. 나는 밖에서 가지고 있던 감과 펀드의 성격에 맞추어 나만의 운용방식을 만들어 갔다. 종목주를 포함해 대형주 또한 남들과 다르게 나만의 방식으로 운용을 했다.

그러자 한 달쯤 지나 장의 상승과 하락에 상관없이 꾸준히 이익을 낼 수 있었다. 그렇게 해서 평소 잔고대비 매년 100% 이상의 수익을 냈다. 아주 큰 금액을 가지고 운용한 것은 아니지만, 팀 전체적으로는 수백억 단위의 큰 액수를 다루기도 했다. 이런 경험을 통해 소액을 가지고 혼자 집에서 매매할 때는 알 수 없었던 많은 것을 배우게 되었다.

전에는 인터넷으로 회사의 재무제표나 사업내용을 알아보았다. 하지만 동양증권에 있을 때는 직접 기업방문을 해서 주식 담당자와 많은 대화를 통해 정보를 얻었다. 또한 현지 공장을 둘러보는 것은 물론 회사 직원들의 얼굴을 보면서 회사 분위기를 파악해 그 회사의 비전을 엿볼 수 있었다. 특히, 기업방문을 통해 얻은 탐방자료를 정리해서 앞으로의 회사 실적을 전망하는 것은 물론 직접 회사의 가치를 판단할 수 있었다. 개인투자자일 때는 한두 종목에 올인하기 쉬웠지만 펀드를 운영하면서 리스크 관리와 포트폴리오 구성의 절실함을 느꼈다. 나에게 있어 동양증권에서의 생활은 내 주식 인생에서 최고의 경험이었다.

이후 나는 동양증권을 퇴직하고 나서 새롭게 또 다른 목표를 향해 무언가를 준비하고 있다. 개인투자자에서 펀드매니저 그리고 투자자문회사로 개인의 신분이 바뀌었지만 여전히 나는 개미투자자의 편이다. 시간이 지나면서 점차 정보의 비대칭은 사라질 것이다. 물론 그에 따른 개미투자자의 진화도 눈에 띌 것이다.

어쨌든 그들이 건강한 투자자로 자리매김하는 데 있어 그동안 내 투자의 경험이 자그마한 도움이 되기를 기원해본다. 내가 겪었던 수많은 육박전에서 투자자들이 한 페이지라도 얻을 것이 있었다면 저자로서 기쁘기 한량없겠다.

2_ 주식투자의
기초는 마인드다

원칙 없이 투자하지 마라

세계 최대의 부자이자 살아 있는 '월가의 전설' 워렌 버핏에게는
자신만의 투자 원칙이 있다.

"나는 잘 아는 종목에만 투자합니다. 때문에 분산투자를 위한 포
트폴리오가 매우 단순합니다. 내가 잘 아는 종목만으로 포트폴리오
를 만들지요. 나는 21세기의 문을 연 정보기술에는 관심을 갖지 않
았습니다. 하지만 여전히 나의 명성은 변함이 없습니다. 나는 내가
잘 알고 확신할 수 있는 종목만 투자를 해서 지금까지 이 자리에 올
라왔습니다."

워렌 버핏은 자기가 잘 모르는 분야는 절대 투자를 하지 않는다

는 원칙을 지켰다.

지금 나에게도 나만의 투자 원칙이 있다. 나는 투자 원칙에 따라 매일 투자를 한다. 내 투자 원칙 가운데 제일 중요한 것은 손절매다. 나는 이것을 정립한 후 안정적인 투자를 지속할 수 있었으며 지금의 위치에 서게 되었다.

보통 일반투자자들은 작전주, 대박주 등을 통해 단기간에 승부를 내려고 한다. 자기 자신의 기준이나 뚜렷한 확신도 없이 주변에서 흘러나온 정보나 소문을 믿고 이 종목 저 종목에 투자를 한다. 하지만 결국엔 계좌 잔고가 텅텅 비게 된다.

나는 이제까지 세 번의 깡통을 맞았다. 처음엔 한국합섬이, 두 번째는 중앙종금이 관리종목에 편입되면서 깡통을 찼고, 세 번째는 작전주에 투자했다가 깡통을 찼다. 내가 이렇게 될 수밖에 없었던 이유는 한 방을 노린 채 투자 원칙이 없었기 때문이다. 수많은 일반투자자들 역시 대부분 이렇다 보니 주식투자를 해서 안정적으로 먹고사는 사람이 적을 수밖에 없다.

대부분의 투자자들은 원칙 없이 무분별하게 주식투자에 달려들었다가 깡통을 찬다. 그러고 나서 이런 말을 내뱉는다.

"주식투자는 도박이야."

주식투자를 하는 사람이라면 아마 누구나 이 말을 들어보았을 것이다. 대개 주식투자를 하는 투자자들은 도박성 종목, 즉 대박주, 세력주 등을 사면 좋다고 생각한다. 그러나 이것은 주식투자를 너무 쉽게 생각한 것이다. 그러다가 적지 않은 돈을 잃는다. 그러고 나서 자신은 주식투자를 하면서도 주식투자는 해서는 안 될 것이며, 하면 다 망한다고 주식투자를 자꾸 비하한다.

과연 그럴까? 나는 절대 그렇지 않다고 생각한다.

만약 내 주변에서 누가 주식투자를 하겠다는데 내가 반대를 할 때는 이런 경우다. 주식에 대해 전혀 준비도 하지 않은 채 막연히 대박을 노릴 때다. 이런 경우는 정말 도시락을 싸들고 다니면서 반대하고 싶다. 무엇보다 투자에 대한 자신만의 원칙이 서야 하는데 그것이 결여되어 있다면 전혀 앞날을 보장할 수 없기 때문이다.

제대로 주식투자를 공부하고 나서 자신만의 투자 원칙이 정립된다면 그때는 할 만하다. 주식투자는 다른 어느 직종보다 노력한 만큼 대가가 나오기 때문이다. 주식투자는 주식에 대한 공부는 물론 시사정보에 대한 빠짐없는 수집, 그리고 엄정한 자기관리가 요구되는 분야다. 어설프게 주식투자에 달려들었다가는 돈은 돈 대로 날리고 몸도 망가지기 십상이다.

나는 다시 한 번 독자 여러분에게 말한다.

"주식투자에 자부심을 가지셔도 됩니다. 주식투자는 절대 투기가 아니라 투자입니다. 단, 투자에 대한 자신만의 원칙이 있을 때만 그렇습니다."

주식에 대해 한번 살펴보라. 한 회사가 하나의 아이템으로 공장을 짓고 영업망도 확보하면서 사업을 운영하는 과정에서는 자금을 필요로 하게 된다. 이때 회사는 부족한 자금을 확보하기 위해 투자를 신청하게 된다. 여러분들도 잘 알겠지만 그래서 주식회사를 세위 주식시장에서 자금을 조달한다. 그렇게 투자자는 주식시장을 통해 그 회사에 자금을 대고 그 회사의 주식, 즉 권리 소유권을 갖게 된다. 주식을 소유하게 되면서 그 회사의 주인이 되는 것이다. 이때 그 투자자는 그 회사의 비전을 보고 투자를 해서 반대급부로 배당이나 주가 등락으로 이익을 얻게 된다. 이것을 본다면 주식투자는 자본주의 사회가 돌아가게 하는 데 매우 중요한 요소인 것이다.

우리는 이러한 자본주의 원칙을 벗어난 투자를 해서는 안 된다. 위에서 보듯 우리가 주식투자를 하는 것은 좋은 회사의 비전을 보고 투자를 하는 것이다. 그리고 이를 통해 자기 자신의 부를 축적할 뿐만 아니라 국가경제 발전에 이바지할 수 있는 덤까지 얻게 된다. 이와 같이 주식투자는 결코 투기가 아니다. 그래서 원칙 없이 단 한 방만을 노리는 투자자는 살아남기 힘들다.

우리는 주위에 나도는 루머나 뉴스 그리고 얼마까지 올라간다느니, 작전이 붙었다느니 하는 말에 현혹되지 말아야 한다. 자기 나름대로 원칙을 세우고 종목을 분석하여 투자하는 자세가 필요하다. 한번 생각해보라. 그런 정보와 루머을 따라다녀서 이익을 봤는지. 그리고 그들이 손실에 대한 책임을 졌는지 말이다.

투자를 하다 보면 수익이 날 때도 있고 손실이 날 때도 있다. 여기서 가장 중요한 것은 자기만의 원칙을 가지고 투자했느냐는 것이다. 주식투자 설명회에 나가 보면 많은 사람들이 종목 하나 찍어달라고 부탁을 해오는 경우가 있다. 이런 사람들은 자신의 원칙을 가지지 못한 투자자다. 주식 고수의 원칙이나 추천 종목을 무조건 맹신해서는 안 된다. 원칙은 바로 나 자신을 위해서 있는 것이지 내가 원칙을 위해 있는 것은 아니기 때문이다.

가령 예를 들어보자. 자신이 투자한 종목의 주가가 15% 가량 떨어졌다고 하자. 이때 이를 파는 것(손절매)이 원칙일까? 추가로 더 사는 것(분할투자)이 원칙일까? 아니면 기다리는 것(장기투자)이 원칙일까? 일반투자자들은 이 가운데에서 하나를 선택해야 한다. 그러나 무작정 어느 한 원칙에 따라했다가는 손실의 우려가 있다. 이때는 투자 전문가의 원칙을 잘 살펴서 자신에게 잘 맞는 원칙을 세워야 한다. 즉 전문가나 고수의 투자원칙을 체득해서 자신의 것으로 만드는 것 말이다.

여기서 글로벌 투자의 선구자 존 템플턴의 투자원칙을 한 번 참고해보자. 그는 과연 어떤 원칙으로 투자를 했을까? 1993년 2월 발행된 종교잡지인 『Christian Science World Monitor』에 기고한 그의 투자원칙 15가지를 살펴보자. 이 가운데 자신에게 맞는 것을 취사선택하여 자신만의 투자원칙으로 삼아도 좋을 것이다.

● 존 템플턴의 투자원칙 15

1. 명목수익이 아닌 실질수익을 계산하라.

2. 투기가 아닌 투자를 하라.

3. 융통성을 가져라.

4. 비관적일 때 사고 낙관적일 때 팔아라.

5. 우량주를 사라.

6. 가치투자를 연습하라.

7. 분산투자를 하라.

8. 사전조사를 철저히 하라.

9. 수시로 자신의 투자를 점검하라.

10. 폭락장에 서두르지 마라.

11. 실수를 배움의 기회로 삼아라.

12. 기도도 도움이 된다.

13. 겸손하라.

14. 공짜는 없다.

15. 투자에 긍정적인 자세를 유지하라.

인내와 여유로 투자하라

"인내는 쓰고 열매는 달다."

주식시장도 인간사회의 축소판이기 때문에 인내가 요구된다. 주식투자에서 가장 문제가 되는 것 중 하나가 절제되지 않은 마음 자세다. 대개의 투자자들은 하루빨리 대박을 치고 싶은 조급증과 지난 것에 대한 대책 없는 미련을 가지게 마련이다.

남의 떡이 커 보이는 것처럼 주식에 투자하다 보면 내가 보유한 주식보다는 남이 가진 주식이 훨씬 더 잘 올라가는 것 같은 착각에 빠지기 쉽다. 이러한 감정에 휩싸이게 되면 내가 보유하고 있는 주식을 쉽게 팔아 버리고 다른 주식을 사게 된다. 그러면 이번에는 새로 산 주식이 곧바로 떨어지고 판 주식이 상승한다. 그러면 원금을 회수하기 위해 무리하게 투자를 하게 된다. 우리는 이런 경우를 비일비재하게 겪었을 것이다.

그러나 무엇보다 조급증은 감당할 수 없는 탐욕을 부른다. 그런 마음 자세로는 절대 수익을 올릴 수 없다. 오히려 자기의 심신만 피곤할 뿐이다. 모든 사람들은 너무 급하게 자기의 주식이 올라도 매도하고, 빠져도 매도하며, 다른 종목을 갈아타기 위해 매도를 한다. 이것은 대단히 잘못된 투자습관이다. 모름지기 투자자는 한강에 떠 있는 유람선을 보듯 여유롭게 매매해야 한다.

이와 함께 끝없는 미련도 문제다.

"아휴, 어제 그 종목 살걸. 오늘은 상한가인데 아쉽구나."

"이 종목 지난주부터 찍고 있었는데 급등하는구나. 진작 이걸 살걸."

이렇게 자꾸 주식에 대해 미련을 가지고 집착하는 것은 현재 주식투자에 자신감이 결여되었다는 말과 같다. 이보다는 신속히 새로 상승하려는 주식으로 갈아타는 것이 좋다. 그러면 손실이 다시 이익으로 바뀌게 된다. 이러한 투자기법을 '갈아타기'라고도 한다. 다만 이것을 실행할 때는 더더욱 신중한 결정과 투자 판단이 전제되어야만 성공할 수 있다. 주식 매매 시에 특정 주식에 대한 과도한 애착과 고집 그리고 지나친 미련은 억제해야 한다. 시장흐름에 대한 분노와 두려움 그리고 빠른 시간 내에 수익을 올리고 싶은 조급증을 철저히 배제할 수 있어야 한다. 그러면 언제든지 큰 성공을 거둘 수 있다.

자고로 주식은 인내를 가지고 기다리고 있다가 확신이 섰을 때 투자해야 한다. 대부분의 투자자는 결정적인 기회가 올 때까지 기다리지 못하고 급하게 매수나 매도를 하는 경우가 많다. 그래서 종종 타이밍이 맞지 않아 좋은 주식을 많이 놓친다. 그리고 결정적인 기회가 왔을 때는 매수를 하지 못하고 오르면 상대적으로 소외감을 느끼는 것이 투자자 대부분의 현실이다.

일단 주식투자에 성공하기 위해서는 많은 인내심이 필요하다. 그리고 결정적인 때가 오기를 기다리는 여유가 필요하다. 나의 매매철칙 5번째를 보면 "기회는 많지만 그 기회를 놓치는 우를 범하지 말자"라고 되어 있다. 그 기회란 결정적인 기회를 말한다.

그렇다면 과연 그 결정적인 기회를 어떻게 알아낼 수 있을까? 그것은 아주 어렵다. 하지만 주가흐름을 꾸준히 관찰하고 연구하고 준비되어 있다면 그 기회를 알아낼 수 있다. 증시의 주변 환경에 대해 끊임없이 공부하고 시장이나 종목에 대한 자기만의 확신이 설 때 비로소 결정적인 기회는 찾아온다. 그리고 그것은 종목에 대한 기회가 되고 시장에 대한 기회가 된다.

잘 생각해보면 그런 기회가 다들 있었을 것이다. 솔직히 나는 그런 기회가 늘 우리에게 있어 왔고 현재도 그렇다고 생각한다. 따라서 주식은 확신이 설 때까지 인내를 해야 한다. 그리고 확신이 없을 때는 차라리 쉬는 것이 좋다. 자기의 확신이 선다고 해도 100% 맞출 수 없는 것이 주식시장이지 않은가? 그런데 하물며 확신도 없이 투자한다면 그 확률은 더욱더 낮아질 것이다.

한 번 생각해보라. 주식시장은 상승이든 하락이든 몇 년에 한 번씩은 꼭 자기가 원하는 때가 오게 마련이다. 이는 종목으로 보든 아니면 종합주가지수로 보든 마찬가지다. 이런 판단은 사실 일반투자자도 쉽게 판단할 수 있다. 언제 주식투자를 하고 언제 쉬어야 하는지 말이다. 주식투자는 이러한 시점에서 인내를 가지고 결정적인 기회가 왔다는 확신이 서면 과감하게 투자를 해야 한다. 특히 자기만의 손실폭을 정해두고 과감히 배팅하는 것이 성공의 지름길이라는 것을 명심하길 바란다.

대개의 투자자들은 결정적인 기회가 올 때까지 기다리지 못하고 급하게 매수·매도를 하는 경우가 많다. 하지만 빠른 시간 내에 수익을 올리고 싶은 조급증을 철저히 배제하고 여유를 가져야 한다. 그러면 언제든지 커다란 성공을 거둘 날이 있다.

겸손하게 투자하라

월 스트리트의 살아 있는 전설 존 템플턴은 이런 말을 했다.

"모든 문제에 해답을 가지고 있다고 생각하는 투자자는 그 해답의 질문조차 이해하지 못하고 있는 경우가 많다. 설사 자신이 불변의 투자법칙을 알고 있다고 해도 그 법칙을 모든 것이 빠르게 변해 가는 투자세계, 경제 환경에 적용할 수는 없다."

이 말은 절대 불변의 투자법칙은 없으며 또한 영원한 투자 고수 도 없다는 말이다. 끊임없이 변하는 주식시장에 맞추어 투자자는 카멜레온처럼 변신해야 한다는 말이다. 그리고 궁극적으로는 주식 앞에서 겸손한 자세를 잃지 말라는 것이다.

내가 개인투자자로 활동할 때의 일이다. 한번은 내가 가입한 주 식투자 동호회의 오프라인 모임에 참가하게 되었다. 그곳에서는 다 들 난다 긴다 하는 사람들이 자기 목소리를 내고 있었다.

그 가운데 유난히 자신만만하게 큰 목소리를 내는 사람이 있었다.

"난 S대학교를 나왔어. 아까도 얘기했지만 A종목이 앞으로 100% 수익을 낼 거라고. 한번 두고 보라고."

그러면서 그는 주식투자에 관한 난상 토론이 벌어졌을 때, 자신 의 주장을 한 치의 양보 없이 밀고 나갔다. 오로지 자신의 판단만이 옳다고 여기며, 다른 사람의 판단은 여지없이 깔아뭉개버렸다.

나중에 내가 사무실을 차렸을 때다. 누군가 나를 찾아왔다고 전 해왔다. 그래서 응접실로 들어갔다.

"유 사장. 나요 나."

나를 찾아온 사람은 바로 그때 동호회에서 제일 목소리 크고 다 른 사람의 의견을 무시하던 그 사람이었다.

"어쩐 일이십니까?"

"유 사장 신문에 나왔더구만. 요즘 잘 나가나봐. 나도 한때 이 바닥에서 고수로 통하지 않았나? 그나저나 내가 지금 사정이 안 좋아서……."

얘기를 들어보니 그는 완전히 깡통을 찼고 가족들과 뿔뿔이 흩어진 채 지하 월세방에서 살고 있다는 것이었다.

"제발 이렇게 간곡히 부탁하네. 자네의 투자비법을 좀 전수해주게, 유 사장. 꼭 좀 전수해주게."

실제로 나는 이런 경우를 여러 번 겪었다. 대개 목소리가 큰 사람들은 주식을 만만하게 본다. 그들은 자신이 대학교수입네, 국회의원입네, 병원장입네 하면서 주식이 당연히 자기 뜻대로 움직여야 한다고 고집을 피운다. 더욱이 신문이나 TV에 나오는 전문가들도 자기만 옳다고 큰소리를 친다. 하지만 이런 사람들이 주식투자로 계속 성공했다는 이야기를 별로 들어 본 적이 없다. 주식은 우리가 생각하는 것처럼 결코 그리 만만한 게 아니다.

모름지기 주식투자는 겸손한 자세로 임해야 한다. 고객을 만나보면 자기가 최고 고수라고 하는 사람치고 성공한 사람이 없다. 과거에 운으로 대박 한 번 터뜨린 것을 가지고 자기 실력이라고 착각하는 사람들은 실패의 늪에서 절대 벗어날 수 없다.

내가 지금까지 주식투자로 살아남을 수 있었던 것도 생각해보면 겸손 때문이 아닌가 싶다. 세 번의 깡통이 어쩌면 주식을 호락호락하게 생각하지 않고 주식에 순응하게 만들어 주식투자 성공의 비법이 되었는지 모른다. 주식투자는 한두 번 먹었다고, 또는 대박을 몇 개 먹어봤다고 자만하면 곧 깡통을 차게 마련이다. 일단 겸손을 잃어버리면 하루 1% 수익의 소중함도 모르고 한 방에 몇 십 % 수익을 벌 수 있다고 자기 자만에 빠지게 된다. 자고로 익은 벼가 고개를 숙이는 법이다. 이익을 내고 대박을 냈더라도 주식시장 앞에서는 더 겸손해야 한다.

많은 사람들이 모인 자리에 가면, 나는 항상 이야기를 주도하는 분보다 조용히 이야기를 들어주는 분들을 주목한다. 대개 남의 이야기를 잘 경청하는 분들이 진정한 고수면서 항상 최고의 실적을 달린다. 진실로 큰 사람, 주식시장에서 성공할 수 있는 사람은 자신을 낮추고 항상 겸손한 사람이다. 그들은 자신의 이야기를 먼저 말하기보다는 다른 사람의 이야기를 들어주는 여유와 미덕을 지녔다. 고수들은 주식시장에서 고집을 피우지 않고 유연하게 대처한다. '주식시장에서는 항상 겸손해라'는 이 말을 꼭 기억하길 바란다. 내가 주식시장에서 오래 살아남아 있는 것이 무엇인지 잘 생각해보면, 그냥 겸손하게 주식시장에 서 있었기 때문이다.

목표 수익률과 리스크를 가져라

- 일일 1%
- 일주일 5%
- 한 달 20%
- 일 년 30~100%

이것은 나의 목표 수익률이다. 주식시장에서는 아이러니하게도 목표 수익률을 적게 잡아야 나중에 수익률이 높다. 앞에서도 언급 했듯이 한 방에 승부를 내려고 하지 말고 항상 1%씩 전진을 한다 는 마음가짐을 가져야 한다. 과유불급過猶不及이라고 했던가?

투자를 함에 있어 수익률을 고려하지 않을 수는 없다. 하지만 이 상하게도 주식투자를 하는 사람들의 수익률은 기회비용과 리스크 가 전혀 고려되지 않는 경우가 많다. 이는 자기만의 판단력과 과학 적인 투자습관이 자리를 잡지 못해서인 경우가 대부분이다.

위에 나열한 것처럼 나의 일일 목표수익은 1%이며, 일주일은 5%, 한 달은 20%이다. 최종적으로 연간은 30~100%이다. 단, 여 기에 전제가 따르는데 그것은 바로 꾸준히 안정적으로 수익을 내자 는 것이다. 누군들 한 번에 많은 수익을 내고 싶지 않겠는가? 하지 만 주식시장은 그런 대박을 노린 투자자들을 그리 호락호락하게 용 납하지 않는다. 주식투자는 오히려 그 반대로 탐욕을 절제하고 자 신을 잘 관리해야만 성공할 수 있다.

요즘도 토요일에 인터넷 검색순위를 보면 항상 로또가 단연 1위 다. 난 처음에만 그렇게 열기가 높을 줄 알았는데 그게 아니었다. 몇 년이 지난 지금도 전 국민적으로 로또에 대한 관심은 여전히 식 을 줄 모르는 것 같다. 나는 도대체 왜 이렇게 로또가 잘 팔릴까 생 각해보았다. 그것은 다름 아니라 사람의 마음속에 자리한 단 한 방 에 인생을 역전하고 싶은 강한 욕구 때문이었다.

지금도 다들 로또를 사면서 이렇게 생각할 것이다.

'로또 복권 1등만 당첨되면 한번에 벼락부자가 된다.'

이처럼 평생 힘들게 돈 벌 필요없이 한번에 거액을 손에 쥐려고 로또를 하는 것이다. 그래서 많은 사람들이 매주 로또 간판을 보면서 '이번 주는 이 숫자가 될 거야'라고 생각하며 숫자를 고른다. 뻔히 안 될 줄 알면서도 그래도 혹시나 하고 말이다. 그러나 결과는 어떠한가? 역시나다.

한번 생각해보자. 우리는 로또를 살 때 투자한 원금에 비해 리스크가 크다는 것을 알고 있다. 830만 분의 1이라는 거의 제로인 확률과 적은 돈의 투자를 고려해서 당첨이 되지 않아도 크게 실망하지는 않는다. 그리고 매주 다시 재투자를 하지 않는가? 이처럼 우리는 알지 못하는 사이 이미 천 원과 당첨확률에 대한 기회비용의 가치를 생각하고 있는 것이다. 이미 어느 정도 원금에 대해 포기를 하고 사기도 하고, 하물며 확률을 높이기 위해 당첨확률 숫자를 연구하기도 한다.

하지만 주식투자를 함에 있어서는 어떠한가? 큰 금액을 투자함에 있어서 투자의 기대수익과 리스크를 고려하고 있는가? 그리고 그것이 자신이 감내할 만한 수준인가? 우리는 인생을 살면서 자신만의 비전과 목표를 가질 것이다. 자신의 인생에서 로또 대박 하나만 보고 살아가지는 않을 것이다. 수많은 우여곡절이라는 리스크와 선택이라는 사항을 고려해 우리는 앞날을 설계하지 않는가? 그리고 그러한 목표들을 매번 시기시기에 맞춰 재조정한다.

이는 주식투자 또한 마찬가지여야 한다. 그런데 많은 분들을 보면 그런 목표가 없는 듯하다. 아니, 목표가 있어도 조금씩 가기보다는 한 방에 달성하려고 하는 사람이 많다. 물론 그렇게 되기만 한다면 얼마나 좋을까? "High Risk, High Return"이란 말이 있다. 높은 위험에 높은 수익이 뒤따른다는 말이다. 로또도 마찬가지가 아니던가? 시장은 고무줄과 부메랑 같은 관성을 가지고 있다. 높은 수익을 기대한다면 높은 리스크를 짊어져야 한다. 그런데도 불구하고 우리는 이러한 원칙을 외면하고 있는 것은 아닐까? 현실은 그렇게 호락호락하지 않은데도 말이다.

나를 찾아와 무조건 자신이 어려우니까 도와달라고 하는 분들이 있다. 그런 사람들은 대개 목표가 없고 설령 있더라도 계획을 잘못 세우는 사람들이다. 이런 사람들을 지켜본 바로는 치밀하게 목표를 세워 한발 한발 나가고 있는 경우가 거의 없다. 급하게 생각하지 말고 목표를 체계적으로 세우는 게 주식투자에서는 중요하다. 목표를 세워 한 걸음 한 걸음 가는 것이야말로 주식에서 살아남고 또 성공할 수 있는 길이다. 그런 계획도 없이 '인생 뭐 있어. 한 방이야'라는 식은 곤란하다.

자신만의 목표와 수익률 그리고 그에 따르는 리스크를 고려해보기 바란다. 이러한 것을 결정할 때 중요하게 고려해야 하는 것은 금리와 함께 인플레이션, 그리고 기회비용이 될 것이다. 금리가 고려되지 않는 상황에서 수익률은 생각하기 어렵다. 가령 세금을 뺀 실제 금리가 1%이고 리스크가 0이라면 거의 원금만 보존되는 경우다. 하지만 인플레이션을 감안하면 실제로는 원금이 줄게 된 것이다.

하지만 주식에 투자한다고 했을 때 당신이 요구하는 수익률은 어떠한가? 그리고 거기에 따르는 리스크와 기회비용은 어느 정도 감내할 수 있는 것인가? 즉 이 돈의 유무가 내게 치명적인지 그리고 어느 시기 동안 투자할 수 있는지에 대한 고려는 절대적인 것이다. 가령 내가 퇴직금으로 2억 가량을 받았는데, 이 돈이 가족의 생활비만 충당하면 되는 것인지 혹은 이 돈으로 생활비를 포함해 노후까지 고려해야 할 것인지에 따라 투자의 방법과 성향이 달라질 수 있다.

IMF 이후 구조조정이 진행되면서 명예퇴직의 대가로 받았던 퇴직금으로 주식투자를 했던 많은 사람들을 기억하는가? 그들 대부분은 원금을 까먹고 길거리에 나앉았다. 이처럼 자신의 투자 규모와 리스크, 기회비용 등을 고려해 자신의 투자금과 투자 성향을 결정하라.

개인적으로는 항상 비전을 갖고 목표를 향해 매일매일 1%씩 꾸준히 전진해나가길 바란다. 그러다 보면 목표도 조금씩 더 크게 변하게 되고 또 목표도 더 체계적으로 세울 수 있다.

체질에 맞는 매매기법과 철칙을 가져라

주식투자를 하다보면 이것저것 수많은 주식투자법을 접하게 된다. 그러다보면 500만 원으로 10억 원을 벌었다느니, 1년에 3억 원을 벌었다느니 하는 제목의 책에 나온 주식투자법을 맹신하게 된다. 하지만 주의해야 할 것이 있다. 세상에 완벽한 주식투자법이란 없다는 것이다. 단지 주식 전문가들이 오랜 투자 경험을 바탕으로 만들어진 독특한 주식투자법이 있을 뿐이다. 문제는 바로 여기서 생겨난다. 사람마다 성격도 다르고 추구하는 스타일도 다르듯이 매매방식이나 철칙도 전문가마다 제각각이기 때문이다.

한번 생각해보라. 외국의 전설적인 주식투자자의 매매방식대로 따라하면 반드시 대박을 터뜨릴 수 있던가? 가령 1억 원을 가지고 워렌 버핏을 쫓는다고 해서 워렌 버핏의 수익률을 올릴 수 있었던가? 현실은 전혀 그렇지 않다. 모든 사회생활이 그러하듯 주식투자도 다른 사람의 성공이 나의 성공을 불러오지는 않는다. 단지 참고사항일 뿐이다.

자고로 주식 매매방식과 철칙은 자기 자신에게 맞는 것이어야 한다. 그러기 위해서는 소액으로 투자를 하면서 많은 테스트로 경험을 쌓아야 한다. 일반적으로 소액을 투자했는데 얼마 지나지 않아 깡통이 되었다면 큰 금액을 투자해도 당연히 깡통이 난다고 보면 된다. 처음 주식투자를 할 때는 반드시 소액으로 하라. 그렇게 해서 많은 테스트를 한 후 자기 체질에 맞는 매매방식과 철칙을 세운 뒤 비로소 본격적인 투자에 나서는 게 좋다.

누가 가르쳐준다고 해서 자기 체질에 맞는 매매방식과 철칙이 생기는 것은 아니다. 매매방식은 너무나 다양하고도 많다. 문제는 그것을 체득해서 자신에게 맞도록 쉽게 변형을 시켜야 한다는 것이다. 주식 전문가의 매매기법과 철칙이라고 그대로 맹신해서는 안 된다. 그리고 이 매매방식을 따를지라도 반드시 벤치마킹해서 자기 체질에 맞게 변경시켜야 한다.

우선 자기만의 매매방식을 세우려면, 처음 주식하는 사람은 일부러 매매 경험을 많이 해야 한다. 하지만 비싼 수업료를 물지 않고 경험을 쌓아야 정말 실속이 있지 않을까? 꼭 돈을 잃어가면서 투자방법을 깨달아야 하는 것은 아니지만 실패해 보지 않은 사람이 고수가 된 것은 거의 본적이 없는 것 같다. 주식투자를 언제나 잘할 수는 없다. 실패를 줄이고 성공 확률을 점차 올리는 것만이 참된 고수의 길로 가는 것이다. 하지만 말처럼 성공확률을 올리는 것은 결코 쉽지 않다.

그렇다면 나만의 매매철칙 중에서 성공확률을 올리는 데 제일 중요한 것은 무엇이었을까? 그것은 바로 손절매이다. 나는 이것을 매매철칙으로 정립하기 전에 세 번의 깡통을 차는 비싼 수업료를 치렀다. 이제는 확실한 손절매 원칙을 정립했기 때문에 안정적인 수익률을 거두고 있다.

손절매는 내게 있어 그 무엇보다 중요하다. 손해를 보고 있는데 과감하게 손절매를 하기는 힘들다. 그리고 누구나 손절매를 잘 할 수는 없다. 손절매는 훈련을 통해서만 비로소 얻어진다. 사람에 따라 좀 다르겠지만 최소 3개월 정도는 실전매매로 손절매 경험을 쌓아야만 그 감을 익힐 수 있다. 물론 가상매매로 매매일지를 적으면서 실제처럼 하는 방식도 있지만 난 그것에는 반대한다. 계좌에 적은 돈이라도 넣고 직접 종목선정을 하고 매매일지를 쓰면서 손절매를 하는 것이 좋다. 가상매매와 실전매매는 많이 다르기 때문이다. 직접 적은 돈이라도 실전매매를 해서 실패와 성공의 경험을 쌓도록 하라. 주식시장에서 최고의 스승은 실전매매이기 때문이다.

그렇게 해서 어느 정도 자신감이 붙으면 그때 투자자금을 늘리는 단계로 가는 것이다. 어떻게 보면 시간이 많이 걸리고 귀찮기도 할 것이다. 하지만 주식투자는 결코 하루아침에 완성되는 것이 아니다. 인생이 다 그러하듯 주식투자는 많은 노력과 경험이 필요하다. 그렇게 자신감이 생길 때까지 꾸준히 매매를 하고 나면 그때서야 비로소 주식의 습성을 조금 알게 된다. 그러면 그때 매매금액을 조금씩 늘리면서 실패의 원인을 파악하여 실패 횟수를 줄이고 성공의 경우 수를 점차 늘려가야 한다.

그렇게 해서 일단 자신감이 쌓이면 좀 더 과감해질 필요가 있다. 나는 손실폭을 정해두고 과감히 배팅하자는 매매철칙을 가지고 있다. 주가하락에 대한 두려움을 가지고서는 절대 제대로 된 매매를 할 수 없기 때문이다. 그리고 손절매라는 무기가 있기 때문에 손실폭을 정해두고 과감히 배팅할 수 있는 것이다. 이처럼 경험을 충분히 쌓은 후 자신만의 매매기법과 철칙을 세워야만 주식시장에서의 전투를 승리로 장식할 수 있다.

아울러 매매철칙도 시대의 변화에 따라 끊임없이 변화해야 한다. 매매원칙과 철칙은 카멜레온처럼 시장의 변화에 따라 변화해야 한다. 주식시장은 대단히 빠르게 변화한다. 어쩌면 그래서 매매기법이나 철칙이 별로 쓸모없는 것처럼 여겨질 수도 있다. 하지만 원칙은 위기에서 그 위력을 발휘한다. 그리고 그 원칙 속에서 변화는 제대로 된 힘을 지닌다. 어느 분야보다 빠르게 변하는 주식시장에서는 얼마나 굵게 가느냐가 아니라 얼마나 길게 가느냐가 중요하다. 원칙과 변화의 적절한 대응, 그 감각을 익혔다면 주식투자에서 반드시 당신은 승리할 것이다.

3_ 투자자라면 정보의 달인이 되라

신문은 영원한 정보의 보물창고

일본의 주식 대가 고레가와 긴죠는 이런 말을 했다.

"경제 신문에 모든 답이 있다."

그는 이렇게 하루 종일 신문을 뒤적이며 자신의 생각을 정리했다고 한다. 아직도 고레가와 긴죠의 말에 고개가 갸우뚱거리는 사람이 있다면 그는 진정한 주식투자자라고 할 수 없다.

나 역시 주식투자에 필요한 많은 정보를 신문과 잡지에서 얻는다. 나는 신문의 모든 기사를 빠짐없이 읽고 그 기사가 주는 의미가 무엇인지 한 번 더 생각하고 나서 스크랩을 하거나 메모를 한다. 주식투자자든 다른 분야에 투자하는 사람이든 신문을 보면서 자신에게 필요한 정보가 무엇인지 먼저 생각해볼 필요가 있다. 그러고 나서 그 정보가 시장에서 어떻게 반영될 것인지 생각해야 한다.

나는 신문을 꼼꼼히 보는 편인데, 특히 산업분야를 집중적으로 본다. 일간지, 주간지, 월간지 등 종류를 가리지 않고 신문, 잡지에 관한 한 닥치는 대로 읽어 치우는 잡식성인 셈이다.

가령 고유가에 대한 기사를 봤다고 하자. 그러면 이런 질문을 던진다.

'유가 상승원인이 무엇일까? 고유가일 때 누가 돈을 벌까?'

그리고 이런 연상을 하게 된다.

'고유가일 때는 설비투자가 일어날 거다. 틀림없이 원유를 뽑으려는 설비투자가 커질 거다. 그렇다면 해외에 설비투자를 하는 국내 건설회사에 투자를 해야겠군.'

이젠 국내 건설업체도 예전보다는 훨씬 투명해졌다. 과거와 달리 건설업체가 비자금을 조성하는 경우는 찾아보기 힘들다. 국내 건설업체의 해외 건설사업도 날로 번창하고 있다. 두바이에 세계 최고층 빌딩을 짓는 기업은 어디일까? 그 빌딩을 짓는 기업은 바로 우리나라 건설업체인 삼성건설이다.

고유가에 관한 신문기사를 접하자마자 나는 해외에서 건설을 많이 하는 국내 건설업체를 찾아봤다. 그랬더니 삼성그룹 계열사인 삼성엔지니어링과 GS건설, SK건설을 찾을 수 있었다. 그와 함께 SK건설(비상장 회사)의 지분을 SK케미칼이 가지고 있다는 사실도 알게 되었다. 이렇듯 신문은 새로운 사실과 연상을 불러일으키는

데 최적의 매체인 셈이다.

이처럼 이제부터는 신문을 볼 때 자기만의 관점에서 읽어보길 바란다. 예를 들면 나는 요즘 신문을 보면서 이런 질문을 던진다.

- 비누가 사라진다면 무엇이 그것을 대신할까?
- 워렌 버핏은 왜 대구텍 주식을 살까?
- 원화는 왜 빠지는 것일까?
- 네이버는 어떻게 해서 뜨게 됐나?
- 누가 과연 옷을 인터넷으로 살 줄 알았을까?
- 실버산업은 어떻게 될까?
- 아이템 베이의 성공 이유는 뭘까?

이 가운데에서 두 가지만을 놓고 자세히 풀어보자. 우선 워렌 버핏의 기사다. 2006년 내가 봤던 신문기사 중에서 제일 관심을 끈 것은 워렌 버핏이 대구텍 주식을 샀다는 것이었다. 이로써 워렌 버핏이 한국에 처음으로 투자를 한 셈이다. 다음은 그와 관련된 신문기사다.

투자의 귀재이자 세계 최고 부호 중 한 명인 워렌 버핏이 인수한 한국 기업 1호가 탄생했다. 상대는 텅스텐(초경) 절삭공구 전문업체인 대구텍(대표 모셰 샤론).

버핏의 투자회사인 버크셔해서웨이는 최근 이스라엘의 가족경영 기업 IMC 지분 80%를 40억 달러에 인수했다. 버크셔해서웨이는 1980억 달러의 시장 가치를 지닌 초우량 투자회사. IMC는 대구텍 지분 100%를 보유하고 있는 모기업이다. 버핏 회장은 2004년부터 한국 기업에 1억 달러를 투자했다고 밝힌 바 있지만, 모두 개인 자격 투자인 것으로 알려졌다. 따라서 대구텍은 버핏 회장이 공식적으로 인수한 첫 한국 기업이 된 셈이다.

버핏 회장의 투자로 일약 화제를 모으고 있는 대구텍은 일반인들에게는 낯선 이름. 그만큼 유래가 복잡한 회사다.

모태는 텅스텐(중석) 채광 기업으로 1916년 설립된 공기업 대한중석. 대한중석은 50~60년대 우량 공기업으로 이름을 날렸다. 94년 당시 정부의 공기업 민영화 방침에 따라 지분 전량을 거평그룹이 인수했다. 거평그룹의 중심 기업으로 자리를 잡았지만, 이번에는 IMF 경제위기를 맞았다. 98년 거평그룹이 부도나면서 세계 텅스텐 공구업계 선두주자였던 이스라엘 IMC그룹이 3억 달러를 투자, 새 주인이 됐다. 거평그룹 당시에는 텅스텐 사업과 건설, 환경 사업 등을 영위했지만 IMC에 인수되면서 텅스텐 공구 전문기업으로 탈바꿈됐다.

2003년 회사명도 '대한중석초경'에서 '대구텍'으로 변경했다. IMC 그룹은 세계 2위의 금속절삭 가공그룹. 한국과 이스라엘, 미국과 독일 등에 계열사를 거느리고 있는 텅스텐 공구업계 선도기업중 하나다.

—「매경 이코노미」 2006년 5월 30일

이와 같은 신문기사는 주식투자자의 입장에서 보자면 그 어떤 정보보다 좋은 정보라고 할 수 있다. 나는 이러한 신문기사를 여러 각도로 해석하면서 해당 기업이나 유사한 회사 또는 관련 산업에 대해 면밀히 검토를 한 후 투자계획을 세운다.

다음으로 아이템 베이의 성공 이유를 한 번 살펴보자. 나는 아이템 베이의 성공 원인을 이렇게 보았다. 이제 사업은 점점 사람과 사람을 잘 연결하는 쪽으로 포커스가 맞추어지고 있다. 그것만 잘해도 어떤 분야의 사업이든 성공이 보장된다고 할 수 있다. 옥션이 판매자와 소비자 사이에서 수수료로 성장하는 것이 그 대표적인 예다.

아이템 베이는 옥션과 비슷한 비즈니스 모델인 중개 수수료만으로 매달 30억을 번다고 한다. 그러나 이들이 중개하는 것은 게임 아이템이다. 현실의 상품이 아닌 무형의 상품을 중개하는 것이다. 이처럼 인터넷 시대의 비즈니스는 참신한 아이디어를 바탕으로 사람과 사람을 잘 연결해줄 수 있다면 미래가 밝다. 그래서 해피 캠퍼스, G마켓, 옥션 등이 장밋빛 미래를 열어가고 있는 것이다.

그러나 일반투자자들이 수집하는 정보에는 대개 한계가 있게 마련이다. TV 뉴스와 신문 그리고 각종 주식 사이트 등에서 정보는 넘쳐나지만 실제 주식투자를 하는 데 도움이 되는 것은 쉽게 찾아보기 힘들다. 나는 이러한 여러 정보에 휩쓸리기보다는 오히려 신문 하나를 깊이 있게 보는 것이 낫다고 본다. 신문을 꼼꼼히 보는 것은 많은 시간이 들지만 공을 들여 읽은 만큼의 수확이 있기 때문이다.

신문의 정보는 주식투자자들에게 많은 생각거리를 준다. 아무래도 방송으로 들은 정보는 그냥 흘려듣기 쉬운데 반해 신문에서 얻은 정보는 전후좌우 맥락을 더듬어 가면서 볼 수 있는 장점을 가졌다. 그래서 일방적으로 신문의 정보에 휩쓸려 들어가는 일도 적다. 그리고 찬찬히 신문기사를 읽어가다 보면 어떤 정보는 받아들이고 어떤 정보는 버려야할지 판단이 선다. 그래서 인터넷 신문을 볼 때도 중요한 자료는 꼭 출력해서 본다.

그러나 신문에 실린 내용은 누구에게나 공개된 정보다. 때문에 신문에 실린 정보를 선별알 줄 아는 시각이 필요하다. 이때 우리는 정보를 단지 소비하는 차원을 넘어 그 정보를 통해 경제와 경영, 기업과의 연관성을 유추해 낼 수 있어야 한다. 그리고 정보를 선별하기 위해서 때로는 대중의 심리와 반대로 생각하는 경향도 가져야 한다. 주식시장의 흐름 속에서 역발상을 통해 자기만의 시각을 갖추는 것도 이때 요구되는 것이다.

나는 신문에서 출산율이 최저치로 떨어지고 있다는 기사를 보고 남들과 반대로 생각한 적이 있다. 자녀는 적게 낳겠지만 한국 부모들의 자식에 대한 애정과 투자는 오히려 늘면 늘었지 줄지 않는다고 생각했다. 이렇게 해서 유아용품 고급화를 추구하는 기업을 발굴하여 많은 수익을 낸 적이 있다. 이처럼 신문 속에 많은 정보가 있다는 것을 잊지 말길 바란다. 그리고 연상과 유추를 통해 신문에 숨어 있는 자간을 읽는 것이 진정한 정보라는 인식을 가져야 할 것이다.

주식 담당자와 친해져라

"안녕하세요? 전에 통화했던 유수민입니다."

"네, 선생님. 잘 지내셨습니까?"

"네, 귀 회사 덕에 잘 지내고 있습니다."

"하하. 별 말씀을요. 우리가 열심히 해야 투자자들이 많은 이득을 볼 텐데. 요즘 회사 사정이 작년만하지 않네요."

"곧 좋아지겠죠. 회사 잘 될 거로 생각하고 있습니다."

이것은 얼마 전 한 기업의 담당자와 나눈 통화 내용이다. 나는 내가 투자한 회사에는 반드시 전화를 하는 습관을 가지고 있다. 사실 내가 투자한 회사를 일일이 다 방문하는 게 가장 좋은 방법이지만 이는 현실적으로 힘들다. 그래서 그렇지 못할 경우 전화를 통해서라도 그 회사의 주식 담당자와 친분을 쌓아 두고 있다.

주식을 투자한 회사라도 전화를 하기 전에는 그저 차트의 선이나 숫자로만 인식되게 마련이다. 이때에는 그 회사에 대한 애정이나 인간미도 느낄 수 없을 뿐더러 회사에 대해 정확한 정보도 별로 얻을 수 없다. 하지만 전화를 통해서나마 주식 담당자와 친해지면 상황은 달라진다. 회사가 마치 자신의 직장인 것처럼 보다 친밀하게 다가온다. 그리고 다른 데서 얻을 수 없는 따끈따끈한 정보도 유추해 얻어낼 수 있다.

회사에 전화를 걸고 여러 가지 주식에 대해 상담을 하고 정보를 구하는 것은 일반투자자도 쉽게 할 수 있다. 하지만 이것을 실행에 옮기는 사람은 그리 많지 않다. 그리고 전화를 하더라도 대개 이런 식의 통화를 한다.

"왜 주가가 개판이냐!"

"사장은 뭘 하고 있냐!"

이런 식은 곤란하다. 주식 담당자도 사람인데 그런 투자자에게 좋은 정보를 줄 리 만무하다. 투자자라면 평소 회사에 자주 전화를 하는 습관을 가져야 한다. 그러나 그보다 먼저 자신이 투자한 회사에 대해 공부를 하고 나서 전화를 하자. 최소한 전화를 하기 전 회사의 최근 실적과 그 종목에 대한 이슈가 무엇인지 정도는 미리 파악해야 한다.

그러고 나서 본격적인 전화통화 이전에 자신의 신분을 먼저 밝힌다.

"회사 주식을 조금 보유하고 있는데 관심이 많아 전화를 하게 되었습니다"나 혹은 "귀사에 투자를 하고 있는 김 아무개입니다"라는 식으로 말이다.

이때는 전화를 받는 주식 담당자를 만나본 적은 없지만 친분이 있는 것처럼 정감 있게 통화를 해야 한다.

"식사는 하셨습니까?"

"요즘 회사 분위기 좋으시죠?"

이렇게 안부도 물으면서 대화를 시작하다 보면 주식 담당자는 아무리 개미투자자라 해도 경솔히 대하는 법이 없다. 그리고 자연스레 회사에서 일어나는 여러 가지 일들을 알려주게 되어 있다. 그러다 보면 뜻밖의 정보도 유추해서 얻어낼 수 있다.

"요즘 계약건이 많아 사장님이 외국에 자주 나가 계십니다"와 같은 답변이 바로 그것이다.

이를 토대로 일반투자자는 지금 투자를 하면 좋을지 안 좋을지, 혹은 언제 투자를 하면 좋을지에 대해 보다 확실한 판단이 서게된다.

가능하면 처음에는 자신을 알리는 정도로 간단하게 통화를 마친다. 그러고 나서 며칠 있다가 전화를 한다.

"며칠 전에 전화를 드렸는데요. 회사를 분석하고 있는데 궁금한게 있어서 다시 전화했습니다."

그 다음에는 직접 탐방을 가려고 했는데 거리가 멀어서 다음에 시간 내서 직접탐방을 가겠다고 하는 식으로 말한다. 대신 "오늘은 전화탐방을 좀 하면 안 되겠습니까?"라고 완곡하게 말하며 바쁘겠지만 시간 좀 내주시면 안 되겠냐고 양해를 구한다.

이런 식으로 자기만의 노하우를 가지고 전화탐방을 시도해야 한다. 전화를 걸어 한 번에 많은 정보를 요구하거나, 화풀이를 해서는 곤란하다. 대신에 회사의 중장기 비전에 대해 질문을 하면서 단기투자가 아닌 중장기 투자를 하는 사람처럼 보여야 한다.

이런 식으로 한두 번 통화를 하다보면 그 회사의 주식 담당자와 자연스레 친분이 쌓인다. 또한 전화만 자주하는 것보다는 시간이 허락된다면 반드시 회사를 직접 방문을 해보는 것도 좋다. 주식 담당자도 전화통화만 하던 투자자가 직접 방문을 하면 반가워하게 마련이다.

이렇게 주식 담당자와 친분을 쌓고 나서는 실적 시즌에 안부전화를 하면서 넌지시 실적에 대해서 물어본다. 이때도 단도직입적으로 물어보는 것보다는 말을 돌린다.

"전 분기보다 회사 사정이 좋죠?" 혹은 "작년보다 실적이 어떨 것 같습니까?" 하고 묻는 방식이다.

이렇게 떠보다보면 회사에 대한 분위기를 파악할 수 있다. 그렇게 되면 실적이 어느 정도 나올지를 짐작할 수가 있다.

이처럼 전화나 직접탐방을 가는 것은 그 기업의 전체적인 분위기를 파악하는 데는 아주 그만이다. 회사 실적은 회사 분위기와 직결되는 법이다. 눈에 보이는 실적보다 오히려 회사 분위기가 더 중요할 수도 있다. 회사의 성장 가능성이 높다면 현재의 실적은 낮아도 회사 분위기는 에너지가 넘칠 것이다. 그러나 반대로 성장 가능성이 낮은 기업은 실적은 좋은 반면 회사 분위기는 쳐져 있을 것이다. 이처럼 회사의 분위기는 바로 성장 가능성을 읽어낼 수 있는 현실적 지표인 셈이다.

나는 기업 주식 담당자용 명함만 세 권을 가지고 있다. 항상 탐방을 다녀오면 날짜와 업체 이름, 회사의 분위기 등을 체크하여 명함첩에 끼워 놓는다. 그리고 탐방을 다녀와서는 항상 감사했다고, 덕분에 좋은 정보 많이 얻었다고 반드시 전화를 한다.

나는 한 종목에 대해서 분석도 오래하지만 그 종목에 대해서 약간이라도 감이 오면 무조건 그 회사에 전화를 한다. 그리고 궁금한 것이 많거나 정말 좋은 회사라고 판단될 경우에는 회사를 직접 방문한다. 그리고 이것저것 궁금한 것을 다 알아보고 난 후에 투자할 가치가 있다고 판단되면 그때 비로소 투자한다. 소중한 우리의 자산을 이 정도 분석도 안 하고 투자한다면 그것은 그냥 주식시장에 돈을 갖다 바치는 것이나 다름없다. 직접 기업방문을 하는 것이 힘들다면 회사분석을 하고 전화탐방이라도 한 후 투자하라. 그러면 실패 확률은 훨씬 적어질 것이다.

자기만의 데이터를 만들어라

나는 주식투자를 해오는 동안 단 하루도 빠짐없이 매일 매매일지를 작성했다. 물론 처음에는 간단하게 메모 정도만 했었다. 하지만 세 번의 깡통을 차고 나서는 무작정 아무렇게나 작성하지 않고 나만의 형식을 만들어 체계적으로 작성했다.

다음의 표는 나의 매매일지 형식이다. 여기서는 매매일지 작성 요령에 대한 이해를 돕기 위해 삼성전자 종목을 예로 든다.

◉ 2000년 00월 00일 삼성전자 매매일지 : 삼성전자(005930)

1. 목표수익 : 매일 1%, 매주 5%, 매월 20%. 항상 복리로 수익을 내자

2. 금일 매매일지

8시 30분 : 미국시장의 하락과 최근 미국시장 반도체 주 하락에 따라

동시호가 −2% 하락으로 예상 체결

8시 50분 : 최근 낙폭에 따라 반발매수가 들어오는 것 같음. 예상체결 −1%

9시 00분 : 미국시장의 하락에 관계없이 시가 −1,000원으로 약간의 약세로 장 시작

9시 05분 : 최근 낙폭에 따라 미국시장에 관계없이 반발매수가 많이 들어와 보합에 매수

9시 30분 : 자사주 매수 공시로 인해 주가가 상승. 매도

⋮

이렇게 장이 끝날 때까지 자세하게 관찰하고 주가흐름과 종목의 변화와 지지대 저항대도 다 체크 종목에 대해서 자세히 기록한다.(이런 식으로 종목의 변화에 대해서 자세히 기록한다.)

3. 손익

당일 손익 : +1%

주간 손익 : +5%

월간 손익 : +10%

연간 손익 : +22%

(손익에 대한 자세한 내용은 따로 엑셀 파일로 정리하여 관리한다.)

4. 금일 느낀 점

미국시장은 하락하였지만 개별종목 위주의 흐름이 양호했다. 특히 개별 테마주의 움직임이 좋았으며 장에 비해 상대적으로 금융주 위주의 외국인 매수세가 꾸준히 유입되었다. 이번 주는 대형주 종목보다는

개별 종목으로 짧게 대응하며 외국인들의 금융주 매수에 대해 전략을 한번 세워봐야겠다.

위와 같이 나는 매매일지를 항상 기록하고 그것을 프린트하여 지속적으로 취합해 놓는다. 한 해 두 해 쌓이다보니 이것이 나의 가장 든든한 자료가 되었다. 이것은 그 누구에게 돈을 주고서도 살 수 없는 값진 자료라 할 수 있다.

사실 이것은 그리 어려운 일이 아니었기 때문에 나는 아주 작은 것부터 실천했다. 그렇게 해서 종목에 대한 흐름과 매매방식을 접목시켜 그것을 데이터화했다. 이런 식으로 몇 개월 한 후 되돌아보자 나 자신도 모르게 내공이 많이 쌓이는 걸 느낄 수 있었다. 이런 내공이 쌓이면 저절로 매매방식도 만들어진다.

그런 데이터나 노하우는 크게 이 책을 통해 다 밝혔고 그 외 단기적인 매매 노하우를 몇 개 적어보겠다.

- 이동평균선은 잘 보지 않지만 심리가 녹아 있다. 주식은 대중심리와 같이 가면 벌 수 없다. 그래서 대중심리와 달리 중장기 이동평균선 아래로 주가가 일시적으로 붕괴하면 단기 매수하는 전략을, 그와 반대로 중장기 이동평균선을 주가가 돌파하면 단기 매도하는 전략으로 대응을 한다. 그러나 반드시 이런 전략은 단기적으로 접근을 한다.
- 체결창, 호가창은 심리가 녹아 있다. 4, 18, 82 이런 것 등이 호가창에 나온다면 관망 내지 또는 매도를 하는 것이 바람직하다. 누군가

가 자기심리를 주식으로 표현하고 있기 때문이다. 즉 이런 주식은 안달이 나 있는 주식이기 때문에 바로 상승을 하기에는 힘들다.

- 악재 출현 이후 주가 하락이 있었고 악재 출현 전 주가 때까지 바로 상승한다면 그 주식은 매수를 해야 한다. 또는 그 반대로 뉴스나 호재로 주가상승이 있고 뉴스나 호재가 나오기 이전의 주가 때까지 주가가 하락하면 그 주식은 매도한다.

- 매도세가 강하지만 주가가 더 이상 하락하지 않으면 일시적으로 매수하고, 또 매수세는 강하지만 주가가 더 이상 상승하지 않으면 일시적 매도한다.

- 급등주는 눌림목에서 매수를 한다. 눌림목이 작을수록 더 크게 상승을 하며 대량거래의 장대음봉에서는 반드시 매도한다.

위와 같이 단기, 중기, 장기적으로 많은 노하우가 있다. 그런 노하우는 매매일지를 써서 위와 같이 실질장에서 돌출해낼 수 있었고 투자에 이용하여 많은 수익을 거두었다. 독자님들도 꼭 매매일지를 작성하여 더 많은 것을 시장에서 돌출해내어 투자의 달인이 되길 바란다.

주위 사람을 이용하라

많은 투자자들은 정보라 하면 쉽게 접하기 어렵거나 극히 일부의 사람들만 이용하는 투자수단이라고 생각한다. 즉 시장이 지닌 정보의 불균형에 대해 대체로 인정하고 있는 것이다. 물론 내부자 정보처럼 아주 소수가 정보를 독점하고 이를 투자에 활용하는 경우도 있지만, 어쨌든 이는 법적 처벌 대상이다. 돈을 벌 수는 있겠지만 불법인 셈이다. 그리고 그것은 소수의 정보이다 보니 신뢰성에 문제가 있는데다 대단히 큰 리스크를 담보해야 한다.

그런데 나도 주위 사람들에게서 종종 귀중한 정보를 얻곤 한다. 물론 그 정보라는 것은 "어떤 주식이 얼마까지 간다고 하더라" 하는 허황된 정보가 아니라 현재 어떤 기업의 회사 분위기나 기업이 처한 상황 등을 말한다.

가끔 친구나 오랜 지인과의 술자리에서 '너네 회사 요즘 어때?', '너 요즘 일 때문에 바쁘냐?'와 같은 일상적인 대화 속에서 정보를 유추해 얻어내는 것이다.

물론 나도 처음에는 이런 일상적인 대화 속에서 주식에 연관된 정보를 얻어내기가 쉽지 않았다.

'아, 전에 그 친구가 자기네 회사 신제품 개발로 바쁘다더니 이런 신제품을 내놨네. 진작 뭘 만드는지 물어볼걸', '선배가 경쟁사 때문에 입지가 안 좋다고 하더니만 정말 저조한 실적이 나왔네', '회사 사장이 외국 출장을 자주 간다더니 결국 외자유치를 받는군' 과 같이 처음에는 나도 그것을 그냥 흘려들었던 것이다. 그러나 이런 경험을 자주 하게 되면서 흘려 들을 만한 대화도 항상 주의 깊게 듣는 버릇이 생겼다. 그리고 이렇게 항상 친구들의 이야기를 경청하다 보니 그 친구들도 자신의 말에 귀 기울여주는 나를 좀 더 신뢰해주는 덤까지 얻었다.

그러나 이런 정보라고 하기에는 다소 미흡한 소식을 자기 나름대로 분석하고 곰곰이 생각하면서 거기에 기본적 분석을 투자와 접목해보라. "구슬이 서말이라도 꿰어야 보배"라고 했던가? 그렇게 유추된 정보와 기본적 분석을 엮어보면 의외로 그것은 훌륭한 정보로 거듭나게 된다.

이처럼 나와 같이 어떤 소식을 정보로 만드는 사람들과 정기적으로 모여 서로의 정보를 교환하고 의견을 나누다 보면 점점 그 주식에 대한 윤곽이 뚜렷해지게 되고, 실제 투자로 이어져 큰 수익을 얻은 경우도 많다. 이런 정보의 장점은 시장에서 모르는 정보일 뿐만 아니라 내 스스로가 몇 번의 검증을 거치고 유추해 냈기 때문에 정확도도 상당히 높다.

이와 함께 주식투자 동호회나 주식투자 연구회와 같은 모임을 활용해보는 것도 좋다. 똑같은 관심사를 가진 사람들끼리, 촉수가 같은 분야에 닿아 있는 사람들끼리 이러한 모임을 진행하다 보면 좀더 분석적이고, 밀착된 정보로의 접근이 용이해지기 때문이다.

그러나 여기서 분명히 주의해야 할 것이 있다. "~카더라"와 같은 정보를 맹신해서는 안 된다는 것이다. 이렇게 직접적인 정보가 돈이 되는 경우는 사실 드물다. 한번 생각해보라. 돈이 되는 정보라면 굳이 자신이 투자하지 않고 왜 다른 사람에게 흘리겠는가? 물론 이를 무시하라는 말은 아니다. 하지만 이러한 정보도 정확한 검증과 기본적 분석의 토대에서 판단해야 한다.

이러한 "~카더라" 정보들은 대체로 작전에 들어갈 때 사용되는 경우가 많다. 이때 이것을 흘리는 이유는 작전주를 통해 좀 더 많은 세력을 집결시켜 주가를 올리려는 의도다. 만약 이를 모른 채 무작정 투자를 한다면 작전주의 희생양이 되기 쉽다. 정보란 소수가 소유할 때 더욱 높은 가치를 지니는 법이다. 따라서 무조건 유포되는 정보보다는 자신이 관찰과 사유를 통해 얻어낸 정보가 훨씬 높은 가치를 지니는 것은 당연하다.

이 책을 읽는 투자자들도 지인들과의 술자리나 모임 등에서 시간 때우기 식의 잡담보다는 이야기 속에서 뭔가 하나라도 끄집어낼 수 있는 현명한 투자자가 되길 바란다.

기본적 분석을 통해 정보를 얻자

"투자는 과학이다."

현대 증권분석의 창시자이자 '가치투자의 아버지'로 평가받는 벤저민 그레이엄이 평생을 두고 실천한 명제다. 그레이엄은 지금도 주식투자 분석에 기본적인 지표로 활용되는 주가수익비율(PER), 부채비율, 장부가치, 순이익성장률 등을 처음으로 일반화한 주인공이다. 이러한 그의 투자 이론은 '투기의 장'에 불과했던 1920년대의 월 스트리트를 '투자의 장'으로 바꾸어 놓았다.

세계적인 가치투자자 워렌 버핏도 그의 제자였으며, 워렌 버핏도 스승의 가르침을 받아들여 투자를 했다. 워렌 버핏도 스승의 가치투자 책을 무려 열 번 이상 읽었다고 하니 그레이엄이 주식투자에서 어떠한 위상을 차지하는지 알 수 있을 것이다.

다들 잘 아시겠지만 가치투자의 핵심은 기본적 분석이다. 그리고 기본적 분석에 병치되는 것이 바로 기술적 분석이다. 나는 주식투자를 할 때 기술적 분석에 앞서 기업의 가치분석이 우선해야 한다고 생각한다. 주식을 매수할 때에는 한 기업을 산다는 마음으로 아주 좋은 기업이라도 충분히 기본적 분석을 하고나서 투자의 매력도가 높을 때 투자해야 한다.

나는 항상 주위 사람들에게 이렇게 말한다.

"처음부터 데이 트레이딩이나 차트 매매만 하지 말고 기업의 정확한 가치분석을 통해서 올바른 투자를 하시기 바랍니다. 기술적 분석은 가치분석 이후에 수익률을 극대화하기 위해서 약간만 가미되어도 충분합니다."

나는 기본적 분석을 하지 않은 탓에 상장폐지를 두 번이나 경험했다. 중앙종금과 한국디지털라인이 그것이다. 보통 개인투자자들은 기본적 분석을 하지도 않은 채 기술적으로만 접근하는 경우가 많다. 하지만 기술적 분석보다는 기본적 분석에 치중해야 더 안정적인 수익을 창출할 수 있다.

그렇다면 기본적 분석을 할 때 바라봐야 할 것은 무엇일까? 꼭 봐야할 것 몇 가지를 알아보도록 하자. 우선 가장 기본적으로는 재무제표를 볼 줄 알아야 한다. 서점에 가면 재무재표를 간단하게 볼 수 있는 책들이 많다. 그런 책을 한 권 사서 보기 바란다. 아주 세심하게 재무제표를 볼 필요는 없다. 하지만 최소한 전자공시 시스템에서 사업보고서를 볼 때 이 항목이 무엇인지는 알아야 한다. 그리고 각각의 항목들이 서로 어떠한 영향들을 주고받는지는 알아두어야 한다. 왜냐하면 각각의 숫자들이 가진 연관성을 읽지 못하면 그것은 그저 의미 없는 숫자에 지나지 않기 때문이다. 그러나 그 연관성들을 읽다보면 회사의 흐름들이 한눈에 보이게 마련이다.

그 다음으로는 최근 회사가 어떻게 변화되는지를 보아야 한다. 경영자의 약력, 출자지분, 보유자산의 현재가치, 부채, 유동성, 잠재물량(CB, BW)과 더불어 최근 그 기업의 이슈가 무엇인지를 여기서는 눈여겨보아야 한다. 그러나 이때 제일 중요하게 봐야할 것은 회사의 기업개요인데, 무엇을 해서 돈을 버는지 그리고 어느 분야에 투자를 하는지 파악해야 한다. 이는 물론 기업의 전략과 비전을 이해하는 과정과도 깊은 관련이 있다. 돈이 되는 주력 사업Cash Cow의 동향과 향후 가장 돈이 될 것 같은 사업Star의 성장 가능성을 각종 재무제표의 숫자들을 통해 확인해야 하는 것이다. 그렇게 되면 사업보고서를 통해 지금 이 회사의 경쟁력은 어느 정도이며, 향후 어느 정도 발전 가능성이 있는지 꼼꼼히 살펴볼 수 있기 때문이다.

이것을 기본으로 해서 내가 즐겨 찾는 종목유형은 평범한 업종의 주식이다. 급속도로 성장을 하는 기업이 아니라 매년 꾸준하게 일정

부분 성장을 하는 기업이다. 남들이 거들떠보지 않기에 시장에서 아주 조용한 주식이다. 또한 CEO가 없이도 자연스럽게 경영이 가능한 회사이며 누가 경영을 해도 돈을 벌 수 있는 기업이다.

그러한 기업 중에서 특히 신규사업으로 지정해 투자하고 있는 분야가 성장성이 높다면 투자가치가 큰 기업이다. 이러한 기업은 대개 한꺼번에 신규사업에 투자를 집중하지 않고, 장기적인 투자를 한다. 이렇듯 보통 장기적으로 투자가 가능한 회사는 매년 일정 부분의 배당 성향이 유지되며 회사 자산으로 동산과 건물을 보유하고 있으며, 주주를 존중한다. 이처럼 기본적 분석을 할 때는 눈에 보이지 않는 것도 생각하면서 분석해야 한다. 이런 식으로 분석을 하면 한 종목에 대해 최소 3일에서 1주일이 걸린다. 좀 접근하기 어려운 산업은 무려 1달이 걸리기도 한다.

만일 투자하고 싶은 기업이 있다면 이런 식으로 기본적 분석을 해보길 바란다. 회사에 투자를 할 때는 왜 투자를 해야 하는지 설명을 하고도 남을 명확한 이유가 있어야 한다. 이처럼 기본적 분석을 하고 투자한 주식은 주가가 떨어져도 별 걱정이 안 되고, 오히려 더 좋은 찬스를 준다는 생각마저 들게 한다.

이런 식으로 치밀하게 기본적 분석을 하면서 투자를 하면 꾸준하게 안정적으로 수익을 낼 수 있다. 다시 한 번 강조하지만 우선은 기본적 분석으로 종목선정을 하고, 기술적 분석으로 타이밍을 잡기 바란다.

4_ 유수민의 투자비법은 바로 이것이다

생명보다 소중한 나의 매매철칙

나에게는 지난 7년간 주식투자를 하면서 하루도 빠짐없이 실천했던 습관이 있다. 나는 항상 책상 앞에 그 매매철칙을 붙여 놓고 매매를 할 때마다 들여다본다. 그리고 아무리 바쁘고 급한 경우라도 절대 이 습관을 어기지 않으려고 노력하고 있다. 물론 이 매매철칙은 하루아침에 완성된 것이 아니다. 한 해 두 해가 지나면서 수많은 시행착오를 겪은 끝에야 비로소 완성되었다.

주식투자를 하다보면 높은 수익을 거두어 마음의 여유가 있을 때가 있는 반면, 수익률이 크게 떨어져서 마음이 다급해질 때가 있다. 그러나 그 어떤 경우에도 나는 책상 앞의 매매철칙을 소홀히 여긴 적이 없다. 일반적으로 잘 나갈 때는 자칫 경솔하고 자만해질 수 있고, 주가가 떨어지면 너무 의기소침해지고 조급해지게 마련이다. 그러나 그렇게 마음이 안정되어 있지 않으면 다 굴러들어온 호박도 놓쳐버릴 수 있다. 그래서 나는 언제나 나의 매매철칙을 바라보며 호흡을 가다듬는다.

유명한 위인들이나 기업을 이끌어가는 CEO들에게는 저마다 자신만의 좌우명이 있다고 한다. 그와 같이 나에게도 주식투자에 관한 좌우명이 있다. 그것이 바로 나의 주식 매매철칙이다. 이것만 잘 지키면 투자자로서 나의 삶은 장밋빛 전망으로 가득하리라 여겨진다. 한 번 읽어보고 자신만의 매매철칙을 세우는 데 참고해 보길 바란다.

◉ 유수민의 매매철칙

1. 매매를 할 때는 항상 원칙에 따라 매매를 하자

아무리 좋은 주식을 가지고 있다고 해도 나의 매매원칙에 벗어나면 과감히 손절매하자. 나의 최대의 무기는 손절매다. 손절매라는 무기가 없으면 시장에서 절대 살아남을 수 없다. 아니다 싶으면 과감히 던져버리자. 기회는 언제나 다시 돌아온다.

2. 초심으로 돌아가 겸손하게 시세를 따라가자

주식과 맞서 싸워서는 절대 이길 수 없다. 시장보다 현명한 사람은 아무도 없다. 수익이 난다고 자만하지 말고 겸손하게 시장의 흐름과 함께 움직이면서 함께 가자.

3. 주식투자는 항상 즐겁게 하자

나는 평생 주식투자를 할 것이다. 한두 번 실패했다고 자신을 비하하지 말자. 실패는 성공의 어머니다. 그리고 실패는 다시 반복하지만 않으면 된다. 일희일비一喜一悲하지 말자. 브라질 축구는 즐기면서 축구를 하기에 세계최강이다. 항상 투자를 즐기면서 하자.

4. 실패한 투자든 성공한 투자든 항상 기억해 실전에 적용하자

항상 매매에 대한 분명한 근거를 가지고 투자를 하자. 확실한 근거 없이 절대 뇌동매매를 하지 말자. 행운을 바라지 말고 실력으로 승부하자. 주식투자는 과학이다. 과학적 주식투자만이 살 길이다.

5. 주식시장을 냉철하게 바라보자

모든 사람이 아니라고 할 때 과감히 배팅하자. 그때 샀어야 한다느니 하는 말은 지나고 나면 모든 사람이 다 아는 사실이다. 확인되는 시점은 이미 늦은 것이다. 손실폭을 정해두고 과감히 배팅하자. 기회는 많지만 그 기회를 놓치는 우를 범하지 말자. 말보다는 실천이 우선이다.

6. 안전하고 확실한 분산투자로 리스크를 줄이자

항상 원칙에 의해 포트폴리오를 구성하여 분산투자를 하자. 리스크 최소화에 중심을 두자. 한 번의 리스크를 만회하려면 10번의 상한가가 따라야 한다. 일부 매수 후 흐름을 읽고 추가 매수인지 매도인지를 신속하고 정확하게 파악하여 매매하자.

7. 현재 장의 특성을 빨리 파악하자

장세가 상승장인지 하락장인지 조정장인지 순환장인지 빨리 파악하자. 그리고 장을 크게 보는 시각을 키우자.

8. 기술적 분석보다는 기본적 분석에 치중하자

기본적 분석을 중심으로 하되 일목, 차트, 보조지표 등의 기술적 분석은 참고사항으로 한다. 실질적인 매매 타이밍은 장 안에 들어가서 흐름을 보고 잡자. 기본적이든 기술적이든 항상 준비하고 매매에 임하자.

9. 타인의 이야기는 나의 생각과 비교하며 참고만 하자

투자에 있어 다른 사람의 의견을 비중있게 생각하지 말자. 투자의 결정과 성패는 항상 나의 몫이다. 다른 사람이 말을 할 수는 있지만 책임을 대신 져주지는 않는다.

10. 나만의 방식을 꾸준히 개발하고 터득하자

장 상황과 시대에 맞는 매매방식을 꾸준히 연구하고 가다듬고 개발하자. 시장은 변화한다. 그러한 변화에 능동적으로 변화하자. 끊임없이 노력하자. 노력으로 이루지 못할 것은 없다.

예측하지 않고 대응한다

"주식은 예측이 아닌 대응의 영역이다."

언뜻 들으면 상당히 쉬운 말이다. 그러나 주식투자를 하다 보면 이 말처럼 따라하기 어려운 것이 없다. 주식투자를 하는 사람의 대부분은 예측만 한다. 차트 전문가든 애널리스트든 다들 다음 주가가 어떻게 될 것인지만 예측하지 않는가? 물론 그 예측을 무시할 수는 없겠지만 실질적으로 주식에서 돈버는 것은 예측이 아니라 대응이다.

잘 생각해 보자. 내 예측이 빗나갔어도 대응만 잘하면 손실을 줄여 나중에 수익을 낼 수 있지 않은가? 원금이 남아 있어야 투자의 기회가 존재할 뿐만 아니라, 이후 수익을 올릴 가능성이 존재하지 않은가? 그런 측면에서 예측은 리스크가 대단히 크지만 대응은 리스크를 상당 폭 줄일 수 있는 장점이 있다. 그러므로 주식에서는 항상 유연한 대응이 필요하다. 그리고 항상 변수를 염두에 두고 그에 따른 시나리오를 만들어 두어야 한다.

포커를 예로 들면 쉽게 이해가 될 것이다. 나는 개인적으로 포커와 주식이 서로 연관이 많다고 생각한다. 나는 포커는 잘 못하지만 친구들과 모임에서 술내기로 가볍게 포커를 하곤 한다. 그때 친구 중에 뻥카로 배팅을 과감하게 해 상대편의 좋은 패도 이겨 버리는 경우가 있다. 알고 보면 그 패는 별 것이 아닌데도 말이다. 참 웃기는 일이지만 정작 더 웃긴 일은 그런 뻥카에 한두 번 속다가 제대로 한번 붙었을 때는 진짜 패를 가지고 있다는 것이다.

이런 것을 보면서 나는 생각했다.

'심리라는 게 무서운 거구나. 전쟁에서도 심리전이 아주 중요한 것처럼 말이야. 아무리 첨단 무기를 가지고 있더라도 심리전에서 압도를 당하면 제대로 무기를 쓰지도 못한 채 패배하고 말지. 그것은 역사의 수많은 전쟁들을 보면 알 수 있지.'

그런데 포커를 하다보면 항상 자금을 다 잃어버리는 친구가 있게 마련이다. 그러나 그 친구를 나중에 또 만나면 이번에는 꼭 복수하겠다고 달려들곤 한다. 이는 주식시장에서 보면 깡통 계좌를 맞았으면서도 주식에서 손을 못 떼는 것과 같다. 다시 하면 이번에는 딸 수 있다고 생각하지만 현실에서의 결과는 늘 뻔하다.

나는 친구들과 포커를 치는 횟수가 늘면서 점차 저 패가 뻥카인지 아닌지를 먼저 생각하기 시작했다. 나는 친구의 패가 뻥카인지 아닌지 어떻게 판단할 수 있을지 생각한 것이다. 그래서 말하는 행동이나 표정 그리고 평소보다 말이 많은지 적은지 등을 유심히 살펴보았다.

그런데 내가 어느 정도 파악했다고 생각했을 때 그 친구는 그런 나의 심리를 읽고 오히려 한 단계 더 나아가 자기가 뻥카인 것처럼 보이게 했다. 알고 보면 진짜 좋은 패를 가지고 있었음에도 말이다. 그래서 난 그 친구를 카드에서는 나보다 한 수 위로 판단했다. 그리고 그와 포커를 칠 때는 뻥카인지 아닌지 예측을 하지 않기로 했다.

이와 같이 나는 주식시장에서도 예측을 하지 않고 대응을 한다. 주식시장의 차트를 보면서 '다음에는 어떻게 될 거야' 하고 예측하지 않고 항상 양쪽 방향에 대한 시나리오를 작성한다. 왜냐하면 그렇게 예측을 하다가는 오히려 내가 당하는 경우가 많기 때문이다.

요즘에는 카드를 칠 때 상대편보다 유리할 확률이 있을 때만 따라가는 스타일로 바뀌었다. 차라리 뻥카이면 이렇게 하고, 진짜 패이면 이렇게 대응하자고 시나리오를 써서 둘 다 이길 가능성이 크면 배팅을 한다. 내 패가 어느 정도 승리할 가능성이 존재할 때만 따라가는 것이다. 친구가 뻥카인 척 배팅을 하면 나는 항상 그 친구의 패를 인정한다. 그러나 내가 그 패보다 더 위에 있을 것 같은 확신이 서면 배팅을 한다. 그렇게 하다보니까 친구들도 내가 따라가거나 배팅을 하면 항상 나의 패를 인정해주었다. 그리고 이제는 나에게 거의 뻥카를 안 치게 되었다.

아무튼 나는 항상 그 친구의 패가 뻥카가 아니라고 판단하고 그에 따라 대응을 했다. 그러다보니 요즘에는 내가 뻥카를 칠 때가 좀 있다. 고수는 카드를 칠 때 웬만하면 뻥카를 치지 않고 어쩌다가 한두 번 사용한다. 그러면 그 뻥카 옆에 있는 사람들이 기가 죽는다.

이런 현상은 주식시장에도 똑같이 작용한다. 주가가 저점을 깨고 내려가거나 또는 횡보 중에 갑자기 빠지는 경우가 있다. 이럴 때 대개의 사람들은 자신을 심리적으로 압박하려는 의도라고 판단한다. 뻥카라고 생각하는 것이다. 하지만 고수는 진카를 위주로 치고 뻥카는 어쩌다 한두 번이다. 주식시장의 경우에도 어쩌다 한두 종목이 그런 속임수(뻥카)에 해당하지 거의 대부분은 그렇지 않다.

따라서 그런 심리에 속지 않도록 애초부터 그런 종목을 피하는 것이 좋다. 그렇다면 우리는 어떤 자세로 주식투자에 임해야 할까? 차라리 나처럼 친구의 뻥카를 진카로 믿어주는 편이 낫다. 자기 소신을 가지고 빠지면 빠지는가보다 하고 대응하면서 투자를 하는 것이다. 일단 주식이 하락하면 내가 잘못 판단해서 빠진다고 인정하고 주식이 오르면 다시 오르는구나 하고 따라 사는 것이다. 이렇게 자기만의 매매철칙과 매매방식, 매매기준을 가지고 시장에 대응하는 것이 좋다.

주식시장에서도 뻥카를 일단 믿어주면서 투자하는 것이 크게 당하지 않으면서 꾸준히 돈을 벌 수 있는 길이다. 어쩌다가 그 뻥카를 대담하게 따라가 성공할 수는 있겠지만 그 뻥카 한 방에 깡통이 된다는 것을 잊지 말아야 한다. 주식시장에 그런 일은 비일비재하다. 그렇게 볼 때 주식시장의 심리와 포카의 심리는 거의 일치하는 셈이다.

심리적으로 뻥카인지 진카인지 혼란스러울 때는 아예 매매를 하지 않는 게 좋다. 확실하게 뻥카가 아니라고 판단되고 내 패가 이길

확률이 높을 때, 즉 나만의 매매철칙 기준에 부합할 때만 매매하는
것이 좋다. 심리적으로 흔들려 손절매에 대한 소신이 없으면 포커
에서 상대의 심리에 말려드는 것처럼 결과는 깡통이다.

손절매도 투자다

• 〈그림1〉 에이블씨앤씨(078520) •

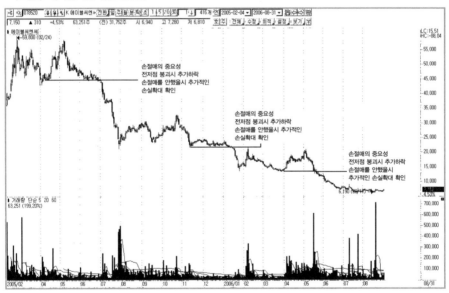

나의 손절매 핵심은 위의 차트에서도 명시했지만 '전저점 붕괴
는 반드시 매도'이다. 생각해보라. 아찔하지 않은가? 6만 원 부근에

서 주가가 제대로 된 반등 한 번 없이 1/10이 되어 버리는 것을 보라. 만약 이때 손절매을 안 했다면 어떻게 될 것인가? 그야말로 돌이킬 수 없을 것이다.

나는 항상 손절매의 중요성을 강조한다. 나의 매매철칙에서 가장 중요하며 지금의 나를 있게 해준 것도 손절매다. 나의 가장 큰 장점을 말하라고 하면 첫째도 손절매, 둘째도 손절매, 셋째도 손절매다. 그리고 나의 손절매의 핵심은 전저점 붕괴는 반드시 매도한다는 것이다.

돌이켜보면 주식투자에서 성공할 수 있도록 나를 이끌어준 가장 큰 테크닉은 특별하고 어려운 기법이 아니다. 흔히 말하는 고수와 초보의 차이는 다른 곳에서 나는 것이 아니라 손절매에 대한 테크닉의 차이라고 보면 된다. 아무리 다른 기법을 잘 쓰고 기술적 분석을 잘한다 할지라도 손절매에 대한 마인드가 정확히 정립되어 있지 않으면, 좋은 기법이나 기술적 분석도 무용지물이나 마찬가지다. 주식시장이 빠르게 변하면서 그에 따라 수많은 기법이 나오고 또 다양한 기술적 분석방법이 나오고 있다. 하지만 그것보다 기본적이면서 가장 중요한 것이 다름 아닌 손절매다.

그런데 손절매를 잘 하지 못하시는 분들과 이야기를 해보면 대개 원금, 즉 매입단가에 미련이 많음을 알 수 있다. 손절매를 잘 하기 위해서는 매입단가에 대해서 신경을 쓰지 말아야 한다. 그리고 빠른 판단과 과감한 실천력이 필요하다.

그렇다면 손절매가 왜 그리 중요한 것일까? 나도 처음에는 안절

부절 해서 손절매를 제때 못해 홀딩을 한 적이 많다. 일단 손절매를 하지 못하면 항상 불안한 마음에서 벗어날 수가 없다. 그렇게 되면 불안한 마음에 판단이 자꾸 흐려져 뇌동매매를 하게 된다. 그리고 결국 그런 뇌동매매로 손실만 키워가게 된다.

하지만 손절매를 하면 그 시점부터는 더 이상 돈을 잃지 않는다. 돈을 벌 수는 없지만 그래도 잃지 않고 다음 종목을 찾아 공략하여 돈을 벌 수 있는 기회는 남는 것이다. 반면에 손절매를 하지 못하면 다시 공략하여 돈을 벌 수 있는 기회마저 없어진다. 하락하는 주식은 일단 손절매를 하고 나면 그 후 좀 더 낮은 단가에 그 종목을 다시 접근할 수도 있다. 이렇듯 손절매에 대한 중요성은 이루 다 나열할 수 없을 정도로 많다. 여러 가지로 봐도 투자자에게 가장 절실하게 필요한 테크닉은 손절매라는 것을 반드시 명심하길 바란다.

주식투자는 돈을 벌겠다는 욕심보다는 더 잃을 수 없다는 마인드로 접근해야 한다. 버는 것도 중요하지만 지키는 것이 더 중요하다. 이런 마인드로 주식투자에 접근하면 매매를 할 때 마음이 편한 상태로 냉정하게 시장을 볼 수 있다. 그리고 이렇게 자기를 컨트롤할 수 있게 되면 이후에는 꾸준히 수익을 창출해낼 수 있다.

사람들이 손절매를 한 후 상승하는 경우를 많이 봐서 그런지 손절매에 미련을 많이 두는 듯하다. 그리고 투자자 중에 왜 주식이 오를 때도 손절매를 해야 하는지 궁금해하는 사람이 많은 듯하다. 하지만 주식은 확률게임이다. 만약 손절매를 하지 않았을 경우를 생각해보자. 물론 상한가를 쳐서 15% 정도 상승했다면 너무 좋을 것이다. 그것은 어디까지나 확실한 것이 아닌 확률상의 수치다. 하지만 만약 하한가를 갔다고 생각해보라. 정말 아찔하지 않을 수 없을 것이다. 그러나 문제는 그 이후다. 손절매를 하지 못해 잃어버린 돈을 회복하기 위해 그 투자자는 배 이상의 노력을 해야 한다.

손절매를 하지 못해 원금의 50%가량 손실이 발생했다고 가정해보자. 그 투자자는 50%의 원금을 복귀하기 위해 50%의 수익이 아니라 100%의 수익을 올려야 할 것이다. 만약 80%의 손실이 발생했다면 그 이후 무려 400%의 수익을 내야 투자 원금을 회수할 수 있다.

잘 생각해보라. 손절매를 안 해 돈을 왕창 잃어버렸다면 상한가 10번을 먹어야 겨우 본전이 된다. 그러나 만약 손절매를 잘했을 경우라면 다음 기회에 타이밍을 잘 잡아 상한가 한 방만 먹어도 수익이 난다. 이렇게 보았을 때 손절매를 잘하면 주식이 조금만 올라도 이익이 난다는 것을 알 수 있다.

주위 사람들에게 항상 그렇게 손절매를 강조하지만 행동에 옮기는 사람은 많지 않은 듯하다. 손절매를 못하는 분들을 보면 대개 아직도 주식시장이 도박이라는 인식을 가지고 있기 때문이다. 그리고 돈을 버는 것 자체가 중요한 것이 아니라 '누구보다 돈을 더 벌어야 하는데……'와 같은 경쟁심리가 크게 작용해서다. 그래서 상대적으로 박탈감이 생기기도 하고 우월감이 생기기도 하는 것이다.

주식투자를 제대로 하기 위해서는 우선 이러한 잘못된 심리를 버려야 한다. 주식에 대한 잘못된 심리는 손절매를 하지 못하게 하는 치명적인 장애 요소다. 다들 잘 알겠지만 주식투자가 도박이라고 생각하는 사람은 도박의 특성이 그렇듯이 결국 패가망신하게 되어 있다. 이런 생각을 버리는 것만이 주식시장에서 살아남는 길이고, 또 그래야만 손절매라는 기법을 자유자재로 구사할 수 있다.

지금 대박주나 급등주를 찾아다니는 사람들은 손절매를 하지 못하는 사람들이다. 그런 사람들은 손절매를 하지 못해 이미 많은 손실이 나 있을 것이다. 손절매를 하지 못해 한 번 손실이 발생하면 그것을 복구하는 데 엄청나게 많은 시간이 걸린다. 그래서 단기간에 수익을 올리려고 대박주나 급등주를 쫓아다니게 된다. 이것은 손절매를 하지 못해서 생기는 악순환이다. 손절매를 철저하게 지키며 조금씩 안정적으로 수익을 창출하는 사람들은 절대 그런 대박주나 급등주는 매매하지 않는다.

손절매야말로 원금을 지키는 최고의 기법이다. 그리고 그 기법의 핵심은 '전저점 붕괴는 반드시 매도'다. 명심하기 바란다.

내가 누리는 매매영역은 따로 있다

• 〈그림2〉 내가 누리는 매매영역 •

개인적으로 나는 주식투자에 대한 영역을 〈그림2〉처럼 정립해놓고 있다. 물론 시중에는 개별적으로 작전주, 급등주와 같이 자기만의 영역 구분을 하는 경우도 있다. 그리고 이를 통해 스켈과 같이 단기 영역을 누리는 투자자가 있는가 하면 가치주와 대형주 위주로 매매를 하는 중장기 영역을 누리는 투자자도 있다.

그렇지만 나는 대체로 위의 〈그림2〉에 나와 있는 것처럼 거의 모든 영역을 누리고 있다. 이것은 무슨 의미일까? 장기투자를 했다고 아주 길게 가지고 가는 것이 아니라 시장이나 종목 변수에 따라 때로는 단타를 그리고 때로는 중기 투자도 병행한다는 것이다. 물론 이렇게 운용하다 보면 주가의 상승폭이 100%였다고 하더라도 실제 나의 계좌 수익은 200~300% 넘을 때가 많다.

내가 이런 영역을 추구하는 데는 이유가 있다. 수년 간 실전매매를 하면서 이익극대화와 장의 하락시 대처할 수 있는 노하우를 나름대로 개발했기 때문이다. 그래서 이런 영역을 자유자재로 넘나들며 매매해 높은 수익을 낼 수 있었다.

종목선정을 할 때는 장기적으로 우량주에 접근하며 그 종목을 선정하면 장기, 중기, 단기, 스켈의 모든 영역을 누리면서 수익을 창출하는 것이다. 그래서 한 종목이 선정되면 막말로 뽕을 뽑아 이익극대화를 시키는 것이다.

물론 이것은 포트폴리오에 근거한 투자전략에 근거하고 있다. 포트폴리오가 없이 그냥 진행한다면 아마 이러한 수익을 올리기는 쉽지 않았을 것이다. 하지만 철저한 포트폴리오를 구성해 장기투자를 목표로 종목선정을 해서 이 종목을 그냥 묻어두는 것이 아니라 시기에 따라 투자전략을 수정하는 것이다. 이러다 보면 KOSPI 지수가 20% 정도 상승했다고 하더라도 실제 제 개인의 잔고 상승률은 50%를 넘게 되는 것이다.

그러나 정말 큰돈을 벌 수 있는 영역은 스켈이나 단기 영역이 아니라 중장기 영역이다. 단기와 스켈 영역에서는 돈을 벌 수 있는 한계가 분명 존재한다. 단기 상승은 그만큼 리스크가 크고 확률이 낮기 때문이다.

어쨌든 자기만의 포트폴리오를 구성하고 있다면 어느 한 기간에 매몰될 필요는 없다. 그때는 많은 영역을 수시로 넘나들면서 이익을 창출할 필요가 있으며 그 중심에는 수익을 극대화하는 전략으로 시장에 대응해야 함은 기본이다. 물론 그러한 포트폴리오가 없거나 투자금액에 한계가 있다면, 그러한 영역을 좁혀 투자해야 할 것이다.

이기고 들어가는 종목선정은 이렇게 하라

나는 무척 까다롭게 종목을 선정하는 편이다. 자동차를 처음 살 때 각 브랜드별로 모델과 성능, 편의성, 안정성, 가격, 디자인 등을 확인하듯이 특히 단기투자를 제외한 중장기 투자는 세심하게 살핀다.

처음에 신규로 종목선정을 할 때는 이 회사가 무엇을 하는 회사인지 그리고 그 회사에 대한 업황을 보면서 2~3년 뒤에 이 회사의 비전과 전망에 대해 곰곰이 연구한다. 그 회사가 무엇을 만들고, 어떻게 이익을 내는지, 재무제표는 어떠한지 그리고 이와 아울러 성장 가능성까지 파악하는 것이다.

그리고 나중에 그 자료를 가지고 매분기 실적을 업데이트하면서 다음 분기 실적을 예상하고 기업방문을 통해 궁금한 것에 대해 질문을 한다. 일단 이렇게 한 종목을 선정해서 세심하게 살피고 나면 나중에는 그 종목에 간단하게 자료를 업데이트만 하면 돼서 자료관리 측면에서도 훨씬 편하다. 그래서 관심 기업을 방문할 때는 그 회사에 관해 많은 공부를 한 후가 된다. 당연히 그러한 자료를 가지고 기업의 주식 담당자와 대화를 하기 때문에 질문도 훨씬 구체적이고 기업에 대한 이해도도 높아진다.

이렇게 종목을 선정하고 나면 장기투자 계획에 약간의 기술적인 측면을 가미한다. 그러나 실제적인 투자는 매일 지켜보면서 스켈, 단기로 접근을 한다. 이러한 매매방식을 드릴 다운drill down 매매방식이라고 하는데, 어쨌든 한 종목에 대해서 분석을 완료하면 중장기로 가능성 있는 주식을 선정해 장기, 중기, 단기 스켈로 접근을 하는 것이다. 이것이 나의 매매방식 중 모든 영역에서 쓰고 있는 종목선정 방식이다.

그러나 여기서 스켈과 단타 영역의 종목 접근방식은 이와는 또 다른 노하우를 가지고 있다. 단기적으로 접근하는 것은 일주일 평균 거래량이 당일 10시 전에 그 거래량을 육박하는 종목들 중 상승하는 종목을 선택하여 단기적으로 공략한다. 특히 그런 흐름이 우량한 종목에서 나온다면 아주 적극적으로 공략을 한다. 그렇게 단기적으로 접근을 시도하면서 그 종목에 지속적으로 관심을 가지면서 눌림목 매매, 돌파매매 등 스윙으로 접근을 해나가는 것이다. 단, 그렇게 선정한 종목을 중장기적으로는 절대 투자하지 않는다.

결론적으로 말하면 장기적으로 접근한 종목에 대해서는 꾸준히 관심을 가지고 장기, 중기, 단기, 스켈 모든 영역을 누리고 있으며, 단기적으로 접근한 것은 스켈과 단기 영역만 누린다는 것이다.

거래량의 의미와 K법칙

내가 주식시장에서 중요하게 생각하는 것 중 하나가 바로 거래량이다. 일반사람들이 생각하는 것과는 조금 다르게 새로 정립한 것인데, 그것을 살펴보면 〈그림3〉과 같다.

나는 주식시장에서 거래량을 〈그림3〉과 같이 파악한다. 거래량이 많다는 것은 살 사람도 많고 팔 사람도 많다는 의미다. 그리고 이럴 때는 대체로 관망하는 전략을 쓴다. 대신에 거래량이 적을 때는 보유 비중을 늘리는 전략을 세운다. 그러나 중요한 것은 거래량이 적다고 모든 종목에 비중을 늘리는 전략을 쓰지는 않는다. 살 사람은 많은데 팔 사람이 없는 주식에 대해 비중을 늘리지 팔 사람은

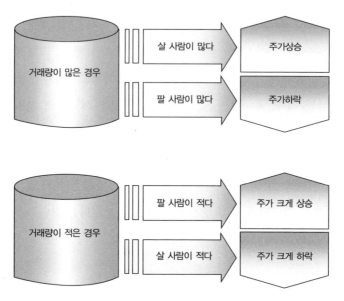

많은데 살 사람이 없는 주식에 대해서는 접근을 하지 않는다는 것
이다.

왜냐하면 살 사람은 많은데 팔 사람이 없는 주식은 내 경험상 대
박이 나오고, 팔 사람은 많은데 살 사람이 없는 주식은 쪽박이 나오
기 때문이다. 그래서 나는 거래량이 많을 때는 관망을 하고 거래가
줄어들면 팔 사람이 없는 주식인지 살 사람이 없는 주식인지를 판
단하여 매매 전략을 세운다.

그럼 팔 사람이 없는 주식과 살 사람이 없는 주식은 어떻게 판단
할까?

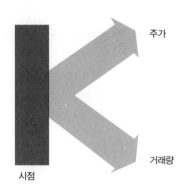

이때 바로 적용하는 것이 K법칙이다

〈그림4〉처럼 주가는 상승하나 거래량이 줄어드는 경우가 있는데, 이때 주식은 팔 사람이 없는 주식이다. 이 그림은 주식시장에서 수요공급의 원리가 적용된 것으로 이해하면 된다. 이 법칙은 일봉, 주봉, 월봉에 모두 적용시킬 수 있는 장점을 가지고 있다. 그리고 이런 형태가 나오면 보통 주가는 더욱 큰 상승을 하게 마련이다. 위와 같이 거래량의 의미를 잘 이해하고, K법칙을 숙지하여 반드시 실전에 적용하기 바란다.

잠긴 주식을 보라

다음의 〈그림5〉를 한번 보도록 하자.

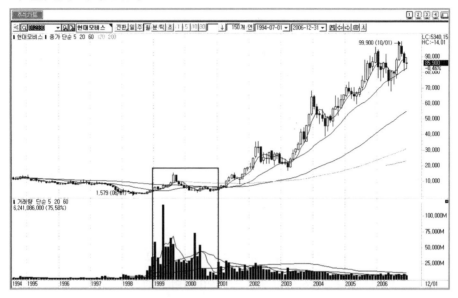

1999년에서 2000년까지 대량거래가 이루어진 후 주가는 지속 상승하는데 거래량을 보라. 이것은 과연 무엇을 의미할까? 앞서 거래량에 대해 읽어본 사람들은 알겠지만, 이것이 바로 내가 말하는 K법칙이 나타난 예다. 바로 여기서 주가는 상승하나 거래량은 줄어드는 현상이 나타나고 있는데 이러한 주식을 잠긴 주식이라 한다.

이러한 주식은 살 때는 아주 싸게 샀지만 주가가 오르는데도 불구하고 주식을 매도할 사람이 없는 특징을 지닌다. 즉 현재가치가 저평가되어 있으며 회사의 기업가치나 전망 등을 생각할 때 향후 성장 가능성이 높다고 판단하여 팔 사람이 없는 주식인 것이다.

일반적으로 주식시장에서 거래량은 그 주식의 인기도를 말해준다. 거래량이 증가했다는 것은 그 종목을 사고파는 사람이 많다는 것이며, 주식에 대한 수요와 관심이 높다는 것을 대변한다.

일반적인 책에서는 거래가 많이 있으면서 주가가 상승해야 한다고 말한다. 하지만 내가 오랫동안 주식시장에서 겪은 바로는 거래량이 늘어나는 주식은 상승의 한계가 있다. 하지만 이 그림처럼 거래가 적으면서 K법칙을 완성하며 주가가 상승하면 상상할 수 없을 정도로 커다란 주가 상승을 가져온다. 그래서 나는 주가는 오르는

• 〈그림6〉 삼양사(000070) •

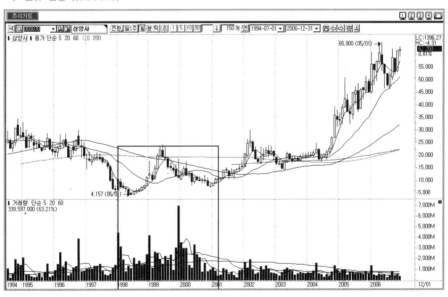

데 거래가 늘어나는 것보다 오히려 주가가 오르면서 거래량이 줄어드는 주식, 즉 잠긴 주식을 좋아한다.

예를 하나 더 들어보겠다.

위의 〈그림6〉에서 1998년에서 2000년도까지의 거래량을 보라. 그리고 주가가 상승할 때의 거래량을 보기 바란다. 이런 주식이 바로 잠긴 주식이다.

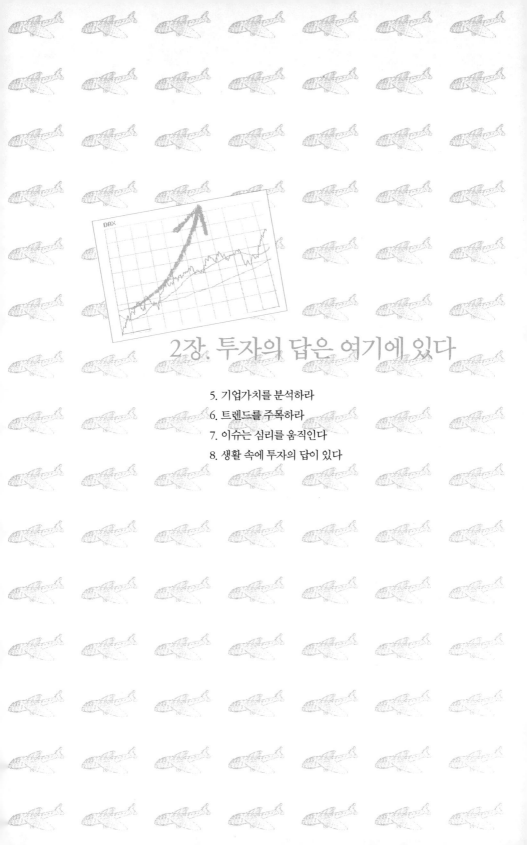

2장. 투자의 답은 여기에 있다

5_ 기업가치를 분석하라

기업에 투자하라

　높이 나는 새가 멀리 본다는 말이 있다. 나는 이 말을 참 좋아한다. 작은 생각의 차이가 나중에 얼마나 큰 차이를 가져오는지 알기 때문이다. 남들이 이제 주식투자는 안 된다고 생각할 때 나는 된다고 생각했고, 그 때문에 현재의 내가 있는 것이다. 그리고 지금은 제법 주식에 대해서 좀 아는 축에 들었는지 주변에서 자문을 구해온다.

　"선배, 주식을 해보려는데 어떻게 하면 될까요?"

　일전에 아는 후배 녀석이 나에게 주식에 대해서 물었는데, 나의 첫 마디는 이랬다.

"주식에 미쳐야 돼. 그리고 그보다는 기업에 미쳐야 해."

그 말을 들은 후배는 웃고 말았지만, 그 말은 오랫동안 육박전으로 투자를 해오면서 체감한 결론이다. 물론 주식투자를 하는 사람이나 투자자들은 주식에 미친 사람들이 종종 있다. 자나 깨나 머리에서 주식이 떠나지 않아, 꿈에서까지 투자를 하는 사람들도 있다고 하니 주식에 미친 사람들이 좀 있긴 있는 모양이다.

내가 자주 겪는 일이 있다. 내가 "며칠 전에 산 주식을 팔까 하는데"라고 하면, 어김없이 돌아오는 답변이 "벌써 처분하시려고요? 주가가 상승세인데, 너무 이른 거 아닌가요?" 하는 말이 그것이다. 남들에 비해 주식을 파는 시점이 조금 빨라서인지 몰라도 사람들은 나를 단기투자자라고 착각한다. 물론 그 말이 틀리지 않다. 하지만 난 장기투자자이기도 하다. 어디까지나 상황에 맞추어 투자를 달리하는 것일 뿐이다.

이런 판단을 하는 데 있어서는 물론 종목선정이 무엇보다도 중요하다. 종목을 잘 선택하면 반 이상 성공한 것이나 다름없다. 시작이 반인 것처럼 말이다. 그러나 여기서 종목선정의 핵심은 기업이다. 타이밍도 물론 중요하겠지만 그 근본적인 해답은 결국 기업인 것이다. 그러나 투자자들 상당수는 주식=기업이라는 아주 기본적인 등식을 오히려 간과하는 경우가 많다.

"아침부터 또 어딜 가려는 거예요?"

아직 해도 다 뜨지 않은 새벽, 나의 옷 갈아입는 소리에 투정 부리는 아내의 말이다.

"미안해. 오늘은 창원 쪽에 있는 기업에 가보려고."

"어휴, 꼭 그렇게 직접 가 봐야 해요?"

투덜거리면서도 일어나 넥타이를 골라주는 아내에게 언제나 감사를 하면서 이렇게 한 달에 몇 번씩 나는 관심 있는 기업을 직접 찾아가본다. 그만큼 종목선정에 관해 신경을 쓴다는 의미다.

물론 직접 기업탐방을 할 때도 있지만 인터넷에서 정보를 얻는 경우도 많고, 중소기업 박람회라던가 사람들과 이야기하면서도 투자할 기업에 대한 아이디어를 얻는다. 이렇게 얻은 아이디어들이 차곡차곡 쌓여 나만의 투자 노하우가 되는 것이다. 그리고 종목을 선정했다면 지속적인 관심을 가져야 한다. 나는 투자를 하면서 종목에 대한 공부를 절대 게을리 하지 않는다. 물론 상황을 보면서 단타를 치기도 하고, 중기투자도 하며 장기투자로 이어가기도 하지만 그 기본적인 바탕은 투자종목인 기업이다.

그렇게 하나 둘씩 회사를 알아가면서 그것은 나도 모르게 큰 장점이 되었다. 물론 그 종목의 접근 방식은 장기투자를 기본으로 한다. 기술적 분석이나 데이 트레이딩으로 그 기업에 접근했다면, 아마 나는 투자했던 기업에 대한 어떤 정보도 금방 잊어버렸을 것이다. 그리고 투자를 하는 데 있어 나만의 정보를 가지지도 못했을 것이다.

투자를 할 때 종목선정은 결국 기업을 선택하는 것을 의미한다. 그것을 달리 말하면 종목선정의 답은 기업에 있다는 것이다. 그런데 그러한 기업에 대해 잘 알지 못한 상황에서 우리는 외부정보에 민감하게 반응하는 경우가 대부분이다. 그러나 기업은 살아 있는 유기체다. 끊임없이 변화하고 진화하는 생물인 것이다. 주식의 주가나 거래량이 변화하는 것도 바로 그러한 이유다. 따라서 투자자라면 투자를 할 때 첫째도 기업, 둘째도 기업, 셋째도 기업이라는 발상의 전환이 필요하다. 그래야만 부화뇌동하지 않고, 끊임없이 기업을 연구해 투자에 반영할 수 있기 때문이다.

이제부터라도 투자의 핵심을 기업에 두어야 한다. 그래야만 눈을 현혹하는 그래프에서 자유로워질 수 있고, 그 그래프가 기업 활동이 반영된 결과라는 것을 인식할 수 있기 때문이다.

경영자에 투자하라

"경영자나 CEO가 기업 주가에 미치는 영향은 큰가? 작은가?"

언젠가 모 증권 전문 인터넷 사이트에서 위와 같은 설문 조사를 한 적이 있다. 과연 이에 대한 결과는 어땠을까? 무려 응답자 10명 중 8명이 CEO의 영향이 매우 크다고 답했다고 한다.

개인적으로 나도 경영자나 CEO의 경영 능력이 한 기업의 주가에 지대한 영향을 미친다고 생각한다. 내가 최단기 최고의 수익률로 막 동양증권에 입사할 때의 일이다. 그 당시 전상일 부사장님께서 나에게 시상을 해주는 것과 함께 면접을 하게 되었다.

"자네 실력이 좋더구만. 우리는 자네에게 큰 기대를 걸고 있네."

그러면서 그 분은 여유로운 미소를 띠었다.

"자네는 보통 친구들하고는 다르게 살아왔더군. 긴장하지 말고 자유롭게 말하게."

"……."

"우리 동양증권은 실력을 최우선으로 여기네. 일반적으로 사회는 학력을 중시하는 풍토가 있다지만 실력이 받쳐 주어야지 간판만 있으면 뭘 하겠나? 자네는 공개적으로 수많은 경쟁자를 제치고 최고의 성적을 거두었네. 실력 면에서 자네는 최고인 것이지. 오로지 실력을 믿고 실력으로 승부를 걸어보게."

"감사합니다. 좋은 회사에 입사를 하게 되어 저도 영광입니다."

"그래, 우리 동양증권에서 적극적으로 자기 의견을 피력하면서 꿈을 키워보게."

그때 나는 전상일 부사장님이 인간적이며 너무나 편한 분이라는 것을 느꼈다. 사실 사회에 첫발을 내딛는 나는 내심 많은 걱정에 휩싸여 있었다. 좋은 대학을 나오지도 않은 내가 미운 오리새끼처럼 여겨지지 않을까 초조하기도 했다. 하지만 그것은 기우일 뿐이었다. 전상일 부사장님이 나에게 확신을 심어주었기 때문이다.

나는 바로 그때 그 분이 다른 경영자들과는 다른 경영을 하시리라고 짐작했다. 실제 전상일 부사장님은 능력 위주로 직원을 채용하셨으며, 그 덕분에 나는 동양증권에 입사를 하게 되었다. 그래서 나는 동양증권에 남다른 애정을 갖게 되었다. 더욱이 그 분은 직원 결혼식이 있을 때는 직접 전화를 걸어 축하해주셨고 또 소탈하게 직원들과 소주를 마시며 직원들과의 커뮤니케이션에 적극적이셨다. 아울러 대학교 증권 동아리를 물심양면으로 지원해주셨다.

나는 그러한 부사장님을 보면서 이렇게 생각했다.

'아, 이런 분이 경영하시면 동양증권은 정말 크게 성장할 거야. 경영 마인드가 너무 좋고 대단하시니까.'

그렇게 생각한 지 얼마 되지 않아 그 분은 대표이사로 취임을 하셨다. 그 이후 동양증권은 CMA 히트상품을 내놓는 등 몰라보게 성장했으며 당연히 주가도 급상승했다.

• 〈그림7〉 동양종합금융증권(003470) •

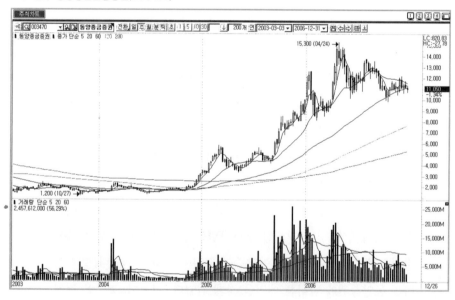

〈그림7〉에서 보듯이 2004년도 전상일 부사장님이 계신 이후 대

표이사로 계시는 현재까지 동양증권은 주가 상승과 실적 면에서 업계 상위에 든다. 최근에도 그 분은 베트남 주식시장 진출이나 투신과 합병 등 많은 성과를 일구어가고 계신다.

동양증권을 퇴직한 이후에도 투자자로서 나는 동양증권을 면밀히 공부했다. 실제 각종 자료를 분석해본 결과 수익증권, 채권 및 파생상품에서 강점이 있는데다 부동산 가치와 지주회사인 동양생명의 가치가 높았으며, 금융시장 통합법에 따른 수혜가 예상되었다. 그래서 입사 당시부터 지금까지 동양증권에 관심을 가지고 면밀히 살피고 있다. 이처럼 한 기업을 이끌어가는 경영자나 CEO의 능력은 곧 그 회사의 가치를 결정한다고 해도 과언이 아니다.

하나 더 예를 들면 동원그룹이 여기에 속한다.

경영2세들이 한창 언론에 오르내리던 때 난 술자리에서 이런 이야기를 들었다. A그룹 아들은 어떻고 B그룹 아들은 어떻고 이야기가 오가던 중 나는 갑자기 귀가 쫑긋해졌다. 그 와중에 한 기업의 경영2세들이 이전에 원양어선을 타고나가 1년 넘게 선원생활을 했으며, 생수통을 배달하면서 직접 물통을 갈아주는 일을 했다는 소리를 들었기 때문이다.

그들이 다름 아닌 동원그룹의 자제들이었다. 첫째 아들은 원양어선을 타면서 밑바닥부터 경영수업을 받았으며 둘째 아들은 직접 물통을 들고 고객을 방문하여 물을 갈아주는 일에서부터 경영수업을 했다는 것이었다. 그런 이야기가 술자리에서 오간 직후 '대단한 기업이군. 동원그룹은 2세들이 경영을 하게 되면 기업이 크게 성장하게 되겠군'이라는 생각이 들었다.

난 그렇게 해서 동원그룹에 대해 많은 조사를 시작했다. 그리고 그것이 현실로 되는 것은 그리 오래 걸리지 않았다. 동원산업 신입 사원으로 입사하여 가족이라는 사실을 숨기고 원양어선을 타면서 그물을 던지고, 참치를 잡으며, 갑판청소 등 온갖 일을 마다하지 않고 경영수업을 쌓았던 장남 김남구 씨가 동원금융지주의 대표이사 가 된 이후 주가는 급상승을 했기 때문이다.

• 〈그림8〉 한국금융지주(071050) •

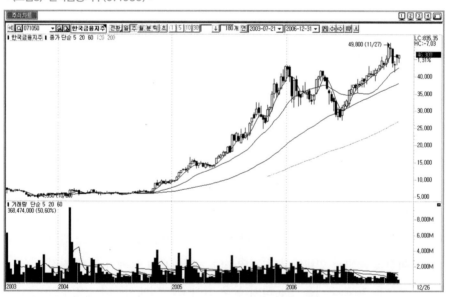

〈그림8〉에서 동원그룹의 장남 김남구 씨가 동원금융지주(現 한

국금융지주)의 CEO가 된 2004년도부터의 주가를 한번 보자.

그리고 동원금융지주는 한국투자증권의 인수와 함께 한국금융지주로 회사명을 변경한 후 그의 탁월한 경영능력이 발휘되면서 현재 업계에서 가장 큰 성장을 기록하면서 주목을 받고 있다. 주가가 말해주듯이 경영성과 또한 나무랄 것이 없다. 나는 경영자의 능력을 중히 여기면서 경영능력이 회사의 전략에 얼마나 지대한 영향을 끼치는지 피부로 느끼고 있다. 물론 그런 회사를 조사하여 투자전략을 세워 큰 수익을 거두고 있음은 물론이다.

그의 동생인 차남 김남정 씨는 1996년 동원산업의 생산직 말단

• 〈그림9〉 동원산업(006040) •

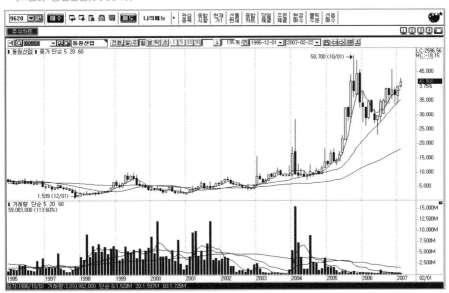

사원으로 입사한 뒤 기업의 성장과 함께 2007년 1월 상무로 초고속 승진을 하면서 회사 입지가 커졌다. 그와 함께 주가 또한 크게 상승했다. 〈그림9〉를 참고하면 이해가 될 것이다.

그는 1996년 동원산업의 생산직 말단사원으로 입사한 뒤 2002년 과장, 2004년 차장으로 진급했다. 그의 등장 이전까지의 주가는 사실 보합수준이었음을 알 수 있다. 그러나 〈그림9〉을 보면 그의 입사와 함께 주가의 급상승이 이루어졌음을 확인할 수 있다. 물론 그가 이것을 전부 이루어냈다는 확답은 할 수 없을 것이다. 그러나 경영자가 주가에 얼마나 중요한 영향을 미치는가는 알았을 것이다.

펜실베이니아 경영대학원의 데이비드 라커 교수는 CEO의 평판이 10% 호전되면, 그 기업의 주식 평가액은 24% 증가한다고 주장했다. 이처럼 CEO의 평판은 주식투자자에게는 더할 나위 없이 좋은 나침반이라고 할 수 있다. 그리고 CEO의 리더십은 기업의 존패와 함께 주가를 좌우한다. 직접적으로 눈에 보이지는 않아도 CEO의 평판, 종업원 만족도, 구조조정 능력, 경영 실적 등이 어우러져 주가를 형성한다. 따라서 투자를 할 때는 CEO에 대한 사항을 꼼꼼히 챙겨야 할 것이다.

시장 지배력이 주가를 결정한다

2001년 인천에서 막내 형님과 단칸방에서 지낼 때다. 그곳은 인천에서도 외진 곳이라 난방으로는 기름 보일러를, 취사용으로는 LPG 가스를 사용했다. 가난한 집안에서 태어나 겨울에도 난방을 제대로 하지 못하고 지냈지만, 그 당시 도시 대부분의 집에서는 이미 도시가스를 사용한다는 것은 알고 있었다.

하루는 자고 일어났는데 방이 얼음 창고였다. 간밤에 기름이 다 떨어진 것이었다. 그래서 아침이 되자 나는 주유소에 기름을 배달시켰다. 기름을 넣고 나서 배가 고파진 나는 라면을 끓여 먹으려고 가스레인지를 켰다. 그런데 웬걸? 이번에는 가스레인지마저 켜지지 않는 것이었다.

"이것 참 오늘따라 돈도 없는데 뭐가 이렇게 다 떨어지는 거야?" 라고 투덜거리며 이번엔 가스를 배달시켰다. 그리고 전화를 건 지 얼마 지나지 않아 가스가 도착했다.

"오늘 기름도 떨어지더니만 가스마저 떨어졌네요. 이것 참!"

"그래요? 불편하시겠네요. 도시가스가 들어오면 주유소나 가스 집에 배달할 필요 없이 편리한데. 아직 이 동네까지는 안 들어 왔나 보네요?"

"네, 그나저나 이 동네는 언제쯤이나 들어올지 모르겠네요."

"저기 앞 동네까지 한창 공사 중인 것을 보니 머지않아 여기도 곧 들어오겠죠."

"여기 들어올 때까지는 어쨌든 당분간 가스를 배달시켜야 되겠군요."

"그렇죠. 들어올 때까지는 어쩔 수 있나요."

그래서 난 가스 배달원이 돌아간 뒤 갑자기 머리 속에서 불이 켜진 듯해 도시가스에 관해 조사를 해보았다. 도시가스는 많은 이점을 가지고 있었다. 첫 번째는 청정성이었다. 도시가스는 액화과정에서 불순물이 제거돼 연소 시 공해물질이 거의 발생하지 않는 깨끗한 연료로 쾌적한 대기환경 보전에 큰 역할을 담당하고 있었다. 두 번째는 안전성이었다. 천연가스의 주성분은 메탄으로 공기보다 가벼워 누출되어도 쉽게 날아가고, 발화온도가 높아 폭발위험이 적은 가장 안전한 연료였다. 물론 도시가스 회사는 가스공급과 더불어 최첨단 시스템과 상황실 및 고성능 안전장비를 갖추고, 24시간 신속히 출동할 수 있는 운영체제를 갖추고 있었다. 세 번째는 경제성이었다. 천연가스는 타 연료에 비하여 열효율이 높을 뿐 아니라, 가격 또한 저렴한 에너지였다. 네 번째는 편리성이었다. 도시가스는 지하 배관망을 통해 공급하므로 별도의 수송수단이나 저장시설이 필요 없고, 밸브를 열기만 하면 사용이 가능했으며, 모든 가스기구에 다용도로 사용이 가능했다. 다섯 번째는 풍부한 매장량이었다. 천연가스는 전 세계에 광범위하게 매장되어 석유 대체 및 장기적인 안정공급이 가능한 에너지였다.

이렇게 인터넷으로 도시가스에 대한 조사를 하고 나서 나는 무릎을 탁 쳤다.

'야, 이렇게 도시가스가 좋은 거라면 조만간 거의 모든 사람들이 다 도시가스를 쓰겠네. 그리고 도시가스 회사는 떼돈을 벌겠어.'

그래서 나는 곧바로 지방에 사시는 누님에게 전화를 걸어보았다.

"누나, 거긴 도시가스 들어와요?"

"뜬금없이 웬 도시가스 이야기라니? 여긴 아직 도시가스 안 들어왔는데."

"아 그래요? 누나도 도시가스 들어온다면 신청할 거죠?"

"그래, 듣기로는 도시가스가 싸고 편리하다고 하던데, 들어온다면야 신청해야지."

나는 그때 확신을 가졌다. 이제 머지않아 난방용 기름 보일러와 취사용 LPG가 통합돼 도시가스로 바뀔 것이 분명했다. 그래서 즉시 도시가스 회사를 찾아보았다. 대표적인 회사로 삼천리라는 회사가 있었다.

'그래, 바로 이거야.'

그렇게 해서 난 삼천리라는 회사에 대해 조사를 하기 시작했다. 삼천리는 인천과 경기도에 도시가스를 제공하는 회사였다. 다른 업체보다 큰 경쟁력을 가지고 있었고 성장성도 월등했다.

특히 인구밀도는 높지만 도시가스 보급률이 저조한 인천과 경기도에 거의 독점적으로 도시가스를 제공하고 있었다. 도시가스 보급이 점차 확산되면 더욱 성장할 것이 확실했다. 더욱이 경기도에 신도시 건설이 예정되어 있는데다 위성도시들도 많고 인구 집적률이 높아 비용도 저렴하게 들어갈 것이라는 판단이 들었다. 같은 도시가스회사라고 해도 다른 지역에 비해 훨씬 성장 잠재력이 큰 회사라는 생각도 함께 들었다.

그 당시 도시가스는 지역마다 구역이 나누어져 독점적인 체제였다. 기업들 중에서 시장에서 상품을 독점하는 기업만큼 좋은 기업이 있던가? 워렌 버핏이 말했던 회사가 바로 그러한 기업이었다. 시장에서 독점적 지위를 누리는 기업은 가격 결정력을 지닌다고 말이다. 그야말로 지속적인 수익을 창출할 수 있으며, 1위 기업으로서 시장의 선두기업이 되는 기업 말이다. 그래서 나는 2001년 처음 삼천리를 분석하여 그 이후 관심을 가지고 투자를 했다. 그리고 큰 수익을 보았음은 물론이다.

우리는 기업들이 시장 지배력을 강화하기 위해 벌이는 마케팅에 항상 노출되어 있다. 기업들의 마케팅 활동을 보고 있노라면 마치

• 〈그림10〉 삼천리(004690) •

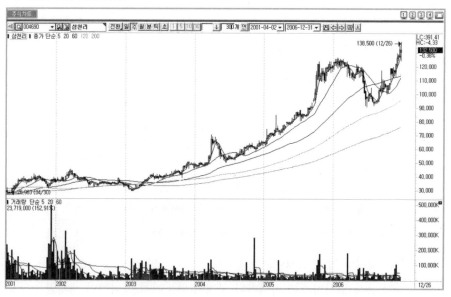

전쟁터에 서 있는 기분이다. 눈에 보이지는 않지만 기업들은 고객을 끌어당기기 위해 치열한 심리전과 홍보전을 끊임없이 하고 있다. 바로 시장 지배력을 높이기 위해서다.

미국 콜라시장에서 코카콜라와 펩시가 벌였던 치열한 시장쟁탈전을 기억하는가? 아울러 국내의 제과시장을 놓고 벌였던 롯데제과와 해태제과 그리고 오리온의 시장쟁탈전을 기억하는가? 그리고 최근 벌어지고 있는 처음처럼과 참이슬의 마케팅 전쟁을 알고 있는가?

상품시장은 1, 2, 3 등이 시장의 80%를 차지한다는 80/20법칙이 아주 잘 적용된다. 그렇다면 주가는 어떠할까? 과연 예외가 있을까? 상품시장에서 3등을 넘어가는 기업은 궁극적으로 그 시장의 참여자에 지나지 않는다. 그리고 상위권자들을 따라잡기 위해 벌일 수 있는 마케팅은 폭탄투하식 광고와 할인뿐이다. 그러한 기업이 수익을 낼 수 있겠는가? 그리고 과연 그러한 기업이 주가가 높아질 수 있겠는가?

재무제표는 기업 분석의 바로미터

"기업자료 중 주식투자를 할 때 가장 필요한 게 뭔가요?"

주식투자에 처음 발을 내딛는 초보자들이 가장 많이 묻는 질문 중 하나가 이것이다. 이런 질문에 내가 할 수 있는 답은 단순하다. '재무제표'를 보라!'가 바로 그것이다.

나는 보통 기업을 분석할 때는 많은 자료들을 참고하는 편이다. 그러나 내가 보기에 그 수많은 자료 중에 가장 중요한 것을 꼽으라면 그것은 단연 재무제표다.

"재무제표가 뭔가요?"

내가 겪었던 일을 이야기하기에 앞서 우선 재무제표가 뭔지 잠시 설명하자. 재무제표란 쉽게 말하자면 기업의 회계 기록 과정을 통하여 작성되는 표라고 할 수 있다. 그리고 거기에는 기업이 수행한 경영활동의 결과를 토대로 재무상태라던가 경영성과에 대한 다양한 정보가 담겨져 있다.

기업은 이것을 효과적인 경영관리를 위해 사용하며, 투자자나 채권자들은 투자의 의사결정을 위해서 사용한다. 재무제표에는 기업의 과거 및 현재의 재무상태와 그 변화, 일정한 기간 동안의 경영성과 등에 대한 정보가 담겨 있다. 어쨌든 자세한 설명은 다른 곳에서도 충분히 얻을 수 있으니 이 정도로 하고, 이것을 어떻게 활용하는지 살펴보자.

나는 2003년도부터 매년 30-30클럽을 찾는다. 여기서 30-30클럽이란 매출성장률과 영업이익률이 30%가 넘는 회사를 말한다. 그렇게 난 2003년도부터 30-30클럽에 드는 종목을 찾아 매년 투자를 했다. 그러한 기준을 토대로 2003년도 실적을 분석한 결과 리노공업을 찾아낼 수 있었고, 2004년에 투자를 할 수 있었다.

그렇다면 리노공업의 재무제표를 한번 분석해보자.

〈표1〉을 보면 리노공업은 2003년도 매출 217억 원에, 영업이익

• 〈표1〉 리노공업(058470) 재무현황 •

Recent A. 2005. 12	Annual		
Recent Q. 2006. 09	2003. 12	2004. 12	2005. 12
EPS(원)	771	1,422	1,476
BPS(원)	4,106	5,328	5.955
보통주DPS(현금+주식, 원)	200	400	500
발행주식수(보통주, 천주)	7,293	7,293	8,022
PER(배)	11.13	6.67	11.79
배당수익률(보통주, 현금, %)	2.33	4.21	2.87
매출액(억원)	217	325	374
영업이익(억원)	72	128	144
영업이익률(%)	33.34	39.42	38.39
당기순이익(억원)	56	104	118
순이익률(%	25.88	31.94	31.68
ROA(%)	18.90	27.40	24.88
ROE(%)	20.59	30.15	27.34
자본총계(억원)	299	389	478
부채총계(억원)	28	41	45
자본금(억원)	36	36	40

72억 원을 기록했다. 2002년도에는 매출이 161억 원에, 영업이익이 44억 원이었다. 리노공업은 2003년도에 전년대비 매출성장률은 34%, 영업이익률은 33%의 성장을 기록한 것이다. 그리고 2004년에도 리노공업은 전년에 비해 매출이익률은 49%, 영업이익률은 39%의 성장을 기록했다. 그렇게 2년 연속 리노공업이 30-30에 들자 나는 2005년도에도 계속 투자를 했다. 그러나 2005년도에는 영

업이익률은 38%로 좋았지만, 매출성장률이 15%를 기록하면서 성
장이 둔화되는 듯했다. 결국 나는 2006년도에 리노공업에 더 이상
투자를 하지 않았다.

• 〈그림11〉 리노공업(058470) •

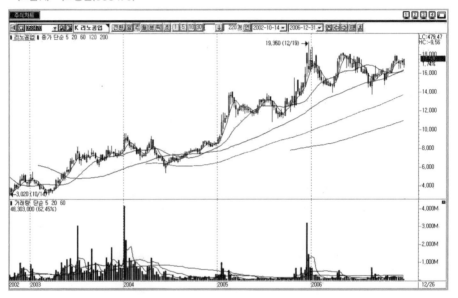

리노공업처럼 30-30클럽에 들어간 또 하나의 회사를 보겠다. 그
것은 다름 아닌 포털의 제왕 NHN이다.

〈표2〉에서 NHN은 2003년도 1,663억 원의 매출에, 654억 원의
영업이익을 기록했다. 여기에 나타나 있지는 않지만 2002년도에는
746억 원의 매출에, 영업이익 300억 원을 기록했었다. 그렇게 보면

| Recent A. 2005. 12 | Annual | | |
Recent Q. 2006. 09	2003. 12	2004. 12	2005. 12
EPS(원)	7,414	3,533	588
BPS(원)	21,242	15,366	14,490
보통주DPS(현금+주식, 원)	500		
발행주식수(보통주, 천주)	7,500	15,500	15,501
PER(배)	18.64	23.63	459.50
배당수익률(보통주, 현금, %)	0.36		
매출액(억원)	1,663	2,294	3,575
영업이익(억원)	654	747	1,315
영업이익률(%)	39.29	32.57	36.78
당기순이익(억원)	555	540	91
순이익률(%	33.39	23.54	2.55
ROA(%)	34.07	21.01	2.65
ROE(%)	40.87	26.52	3.83
자본총계(억원)	1,635	2,437	2,323
부채총계(억원)	372	696	1,415
자본금(억원)	38	78	78

NHN은 2003년도에 전년대비 매출성장률은 122%를, 영업이익률은 39%를 기록한 셈이다. 그렇게 2003년도에 30-30에 들자 나는 2004년도에 NHN에 투자를 했다.

그리고 2004년에도 NHN은 전년대비 37% 매출성장률과 32%의 영업이익률을 달성했다. 그렇게 30-30에 들어 나는 계속 2005년도에도 투자를 했다. 또 2005년도에는 매출성장률이 55%, 영업이익률은 36%을 기록해 2006년도에도 투자를 하기로 했다. 그럼 2006년도 실적은 어땠을까? 무려 5,733억 원의 매출에 2,296억 원의 영업이익이 나왔다. 2006년에는 매출성장률이 60%에, 영업이익률이 40%를 기록한 것이다.

NHN은 상장 이후 한 번도 30-30클럽을 벗어난 적이 없다. 나는 그래서 상장 당시부터 지금까지 NHN에 대해서 관심을 가지고 있다. 그리고 30-30클럽을 벗어나지 않는 한 지속적으로 관심을 가질 것이다.

나는 이렇듯 매년 매출성장률과 영업이익률이 높은 주식을 찾았

• 〈그림12〉 NHN(035420) •

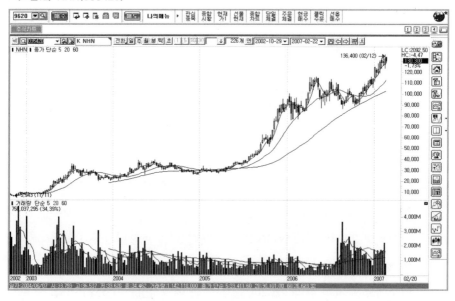

다. 위 두 기업은 매출성장률이 30%가 넘고 영업이익률은 30%를 넘는데다 판관비를 제외한 순이익률도 20%가 넘었다. 게다가 부채비율도 200% 이하이며 유동비율이 100% 이상이었다. 이 정도면 재무제표상 알짜배기 회사라고 할 수 있다. 그리고 이런 내용을 우리는 재무제표를 통해 확인할 수 있다.

"매출이 계속 늘어나는 기업의 주식을 샀는데 손해를 보고 말았어요."

같은 날 다른 회사의 주식을 산 사람이 얼마 후 투덜거리며 한 말이다. 그 사람이 골랐던 회사의 주식은 매출성장 면에서는 정말 컸다. 하지만 이 사람이 생각지 못한 것이 있었다.

"영업이익률은 어땠나요?"

"영업이익률이요? 글쎄요. 그렇게 좋지는 않았던 거 같은데요."

이 사람은 대단히 큰 실수를 한 것이다. 재무제표에서 가장 중요한 영업이익률을 생각하지 못한 것이다. 아무리 다른 조건이 좋을지라도, 영업이익률이 낮거나 마이너스라면 매분기 손실이 발생하는 것이다. 영업이익률이 높다면 손실이 아닌 이익이 발생하고, 높을수록 높은 밸류에이션으로 평가받는다고 할 수 있다.

나는 매년과 매분기로 나눠 재무제표를 분석한 후 투자를 한다.

"결과적으로 순이익률이 높으면 좋은 거 아닌가요?"

이런 소리를 하는 사람들이 간간히 있는데, 영업이익률이 안 좋은 기업은 장사를 해서 매출이 늘어나도 결국 손실만 남는다. 그 예가 바로 삼보컴퓨터다. 다음은 삼보컴퓨터의 재무제표다.

• 〈표3〉 삼보컴퓨터(014900) 재무현황 •

Recent A. 2005. 12	Annual		
Recent Q. 2006. 09	2003. 12	2004. 12	2005. 12
EPS(원)	−87	268	−5,774
BPS(원)	1,610	361	−4,152
보통주DPS(현금+주식,원)			
발행주식수(보통주, 천주)	60,461	60,461	70,977
PER(배)		10.85	
배당수익률(보통주, 현금, %)			
매출액(억원)	22,262	21,812	7,572
영업이익(억원)	345	−234	−2,640
영업이익률(%)	1.55	−1.07	−34.87
당기순이익(억원)	−45	162	−4,098
순이익률(%	−0.20	0.74	−54.12
ROA(%)	−0.49	1.91	−55.71
ROE(%)	−5.04	22.56	
자본총계(억원)	1,087	350	−2,939
부채총계(억원)	7,127	8,413	8,889
자본금(억원)	1,512	1,512	1,774

    삼보컴퓨터는 이미 영업이익률이 2004년도에 마이너스(−)로 진입했다. 이것은 곧 장사를 하면 할수록 회사가 손실이 났다는 것을 의미한다. 더욱이 2005년도에는 수익성이 더욱더 나빠졌다. 그리고 수익성이 나빠져 장사를 하면 할수록 손실이 났기 때문에 매출 또한 늘어날 수가 없었다. 결국 그렇게 이 회사는 모두 알다시피 부도처리되었다. 그래서 제조업체에서는 영업이익률이 이렇게 중요

한 것이다.

　삼보컴퓨터와 함께 하나 더 예를 들어 보겠다. 바로 팬택앤큐리텔이다.

• 팬택앤큐리텔(063350) 재무현황 •

Recent A. 2005. 12	Annual		
Recent Q. 2006. 09	2003. 12	2004. 12	2005. 12
EPS(원)	350	310	−856
BPS(원)	1,201	1,318	453
보통주DPS(현금+주식,원)			
발행주식수(보통주, 천주)	149,752	149,876	149,876
PER(배)	10.10	5.27	
배당수익률(보통주, 현금, %)			
매출액(억원)	13,858	20,243	17,026
영업이익(억원)	685	570	−596
영업이익률(%)	4.94	2.82	−3.50
당기순이익(억원)	417	465	−1,283
순이익률(%	3.01	2.30	−7.54
ROA(%)	8.04	6.06	−14.04
ROE(%)	21.45	16.75	−58.97
자본총계(억원)	2,701	2,847	1,505
부채총계(억원)	4,523	5,254	8,675
자본금(억원)	749	749	749

　이 회사는 한때 국내에서 아주 잘나가던 핸드폰 제조회사다. 2005년도에 영업이익률이 –3.5인 것을 확인할 수 있을 것이다. 이

표에는 분기별로는 표시를 안 했지만, 2005년 3분기에는 영업이익률이 -7%로 수익성이 급격히 저하되었다. 이 회사 또한 삼보컴퓨터와 마찬가지로 핸드폰을 팔면 팔수록 회사에 손실이 나게 된 것이다. 그리고 팬택앤큐리텔은 어떻게 되었는가? 모두들 잘 알 것이다.

두 회사 모두 공통적으로는 영업이익률이 좋지 않았다. 물론 영업이익률이 좋지 않은 근본적인 원인으로 단가 인하나 환율 영향 등 많은 이유가 존재할 수 있다. 하지만 궁극적으로 그런 이유가 집결되어 한눈에 나타나는 것이 바로 영업이익이다. 이런 회사들은 시간이 문제일뿐 결국에는 부도가 날 수밖에 없다.

바로 이런 경우를 피하기 위해 재무제표를 살펴보는 것이다. 물론 영업이익률과 함께 그 외의 내용들도 유심히 살펴봐야 하는 것은 당연하다. 하지만 가장 눈여겨 바라볼 부분은 바로 매출성장률과 영업이익률이다. 아울러 재무제표에서 30-30클럽, 즉 매출성장률과 영업이익률이 30%가 넘는 회사를 찾아보길 바란다.

원인을 파악하라

주식투자를 하다보면 어떤 기업은 장사도 잘하고 경영자도 믿음직스러운데 재무제표 상 실적이 잘 나오지 않은 기업이 있다. 나 또한 그런 것을 많이 봐왔고 겪어 왔다.

'아니, 이 회사는 매출도 상당히 늘어나고 기업 이미지도 좋아 투자할 만한 가치가 있다고 생각하는데 왜 실적이 안 나오는 것일까?'

　이런 의구심을 갖는 순간 투자자들은 대체로 '돈이 어디로 새는 것 아니야?'와 같은 생각을 하게 마련이다. 그리고 이것이 유언비어로 퍼지는 데는 그리 오랜 시간이 걸리지 않는다.

　그러나 그런 회사를 자세히 살펴보면 그 원인을 파악해 투자전략을 세울 수 있다. 그러다가 의외로 건전하고 투자가치가 높은 기업을 발견할 수 있다. 내가 투자를 했던 기업 중에 한국토지신탁과 LG산전(現 LS산전)이 거기에 속한다.

　한국토지신탁의 적자는 과거 부실에 따른 충당금 적립에 따른 적자였다. 그러나 자세히 원인을 파악해보면 충당금 적립금액을 제외하면 실질적으로 상당히 많은 이익을 내고 있었다. 아래 〈표5〉의 한국토지신탁 자료를 보면 이를 이해할 수 있을 것이다..

• 〈표5〉 한국토지신탁(034830) 충당금 •

구분	순이익	충당금	실질적인 순이익
2003년	112	560	672
2004년	89	544	633
2005년	-544	1,228	684
2006년	84	600	684

(단위:억원)

위와 같이 한국토지신탁은 IMF시절 건설업체의 연쇄부도로 인해 발생한 과거 부실이 지금까지 남아 있다. 그래서 그 과거 부실을 정리하기 위해 상당히 많은 충당금을 쌓아야만 했다. 그러나 충당금이 2005년을 기점으로 줄어들게 되어 있었다. 실질적으로 충당금을 제외하면 예전부터 회사의 재무제표는 좋았다. 〈표5〉에서 보면 알 수 있듯 충당금을 제외한다면 회사의 실질적인 수익은 600~700억 정도의 이익을 내는 회사였다. 이 회사의 순이익이 낮은 원인은 과거 부실에 따른 충당금 적립이 회사의 발목을 잡고 있었기 때문이다.

그렇게 2005년을 기점으로 최고의 충당금을 적립하고 나면 이

• 〈그림13〉 한국토지신탁(034830) •

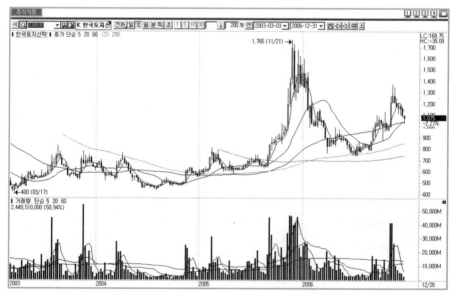

Recent A. 2005. 12	Annual		
Recent Q. 2006. 09	2003. 12	2004. 12	2005. 12
EPS(원)	-1,760	2,814	2,743
BPS(원)	3,088	5,724	7,982
보통주DPS(현금+주식,원)		500	600
발행주식수(보통주, 천주)	30,000	30,000	30,000
PER(배)		6.40	10.13
배당수익률(보통주, 현금, %)		2.78	2.16
매출액(억원)	8,683	10,137	11,039
영업이익(억원)	1,000	1,437	1,433
영업이익률(%)	11.51	14.17	13.98
당기순이익(억원)	-550	844	823
순이익률(%	-6.34	8.33	7.45
ROA(%)	-6.11	9.94	9.56
ROE(%)	-37.55	48.19	32.91
자본총계(억원)	1,335	2,169	2,832
부채총계(억원)	7,183	6,304	5,904
자본금(억원)	1,500	1,500	1,500

회사는 시간의 문제이지 좋아질 수밖에 없는 구조로 되어 간다. 그래서 2006년부터는 충당금이 줄어들면 재무제표 상 본격적으로 턴어라운드가 될 것이라는 판단이 들었다. 이렇게 회사를 분석한 후 기업탐방을 통해 나는 확신을 가지게 되었고, 결국 이 회사에 투자해 수익을 냈다.

그와 같은 회사로는 〈표6〉의 LG산전(현 LS산전)이 있다. 이 표는

LG산전의 재무제표 현황이다. 일반적으로 재무제표 상으로는 많은 의구심이 들게 마련이다. 그 원인을 한번 분석해보자.

위의 〈표6〉을 보면 알 수 있듯이 2003년도까지는 매출이 8,683억 원, 영업이익이 1,000억 원이다. 그러나 어떻게 순이익이 −550억 원으로 적자일까? 참고로 2002년에는 8,500억 원의 매출에 영업이익 1,098억 원, 순이익이 41억 원이었다. 이것을 보면 어딘가 모르게 돈이 새어 나가고 있다는 것을 알 수 있을 것이다.

투자자라면 '과연 원인이 무엇일까?'라고 의구심이 생기게 마련이다. 나도 궁금해서 그 원인을 자세히 파악해보니 LG카드의 우발

• 〈그림14〉 LS산전(010120) •

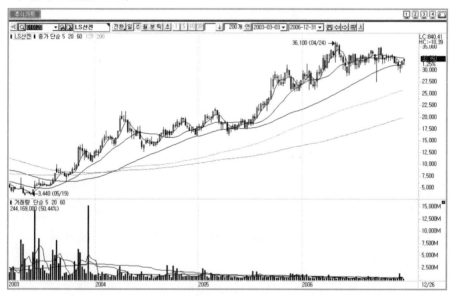

채무와 LG금속을 흡수합병하면서 1조 2,775억 원의 영업권을 5년에 걸쳐 비용으로 계산한 것이었다. 그래서 매년 많은 돈이 비용으로 나갔던 것이다.

이 회사도 영업적으로는 많은 이익을 냈지만, 재무제표 상 순이익은 적자거나 이익이 상당히 줄어든 것을 알 수 있다. 그러나 이 회사는 2004년부터 영업권 계상이 마무리되면서 주가는 그야말로 날갯짓을 했다.

위와 같이 회사의 펀더멘털에는 큰 영향이 없지만, 과거의 부실과 같은 영업외적인 비용으로 나타난 수익저하는 그것이 해소되면 저절로 회사가 좋아지게 마련이다. 결국 그런 원인을 잘 파악해 그 원인이 다 해소되는 것을 알고 있다면 전략을 잘 세워 남들보다 큰 수익을 낼 수 있다. 눈에 보이는 숫자가 전부가 아니라, 이면에 숨겨진 숫자의 비밀을 파악하는 것이 정말 중요한 것이다.

배당은 그저 투자의 척도일 뿐이다

배당을 많이 주는 기업은 주주가치를 재고하는 기업이라고 할 수 있다. 그리고 이것은 그만큼 회사가 잘 돌아가고 여력이 있다는 증거이기도 하다.

일반투자자는 배당투자를 생각하면 그저 배당받는 것 그 자체를 목표로 투자하는 것을 생각한다. 그러나 난 그렇게 평범하게 배당투자를 하지 않는다. 오히려 나는 배당을 받는 전략보다는 배당을 받기 전에 매도하는 전략으로 배당투자를 한다. 일반투자자는 배당 기산일 1~2달 전부터 주식을 매수해 1~2개월 보유한 후 배당을 받고 매도하는 전략을 세운다. 그렇지만 난 좀 더 빠르게 배당 기산일 6개월 전에 매수를 해 배당을 받기보다는 배당 기산일 전에 매도하는 전략을 세운다.

그렇다면 내가 그렇게 투자를 하는 이유는 무엇일까? 오랜 기간 동안 투자를 해오면서 나름대로 데이터를 분석해 본 결과 때문이다. 배당을 중심으로 해서 몇 년간 투자한 데이터를 비교해본 결과 배당을 받는 것보다 배당 전에 주가가 올랐을 때 매도하는 것이 나에게 더 많은 수익을 주었기 때문이다. 물론 이는 우리나라의 기업이 아직 배당에 인색한 데에도 기인한다.

대개 주주총회에서 일단 배당을 결정하면 그 후 1개월 내에 배당금은 지급되게 마련이다. 그렇게 되면 12월 결산법인은 대개 봄에 주주총회를 하므로 빨라야 3~4월에 배당금을 받게 된다. 그 기간 동안 배당금이 묶여 있게 되는 셈이다. 그 기간 동안의 기회비용은 포기해야 하는 것이다. 그리고 또 하나 알아둬야 할 것이 세금이다. 배당소득에 대해 세금 15.4%를 내야 한다.(단 기관투자자는 배당소득에 대한 세금이 제외된다.)

그렇게 보았을 때 배당을 받기보다는 배당을 받기 전에 파는 전략이 수익의 측면에서는 더 좋다. 물론 다 그렇지는 않겠지만 일단 배당받을 때까지의 기회비용과 세금에 대한 비용을 감안하면 대개 배당을 받는 것보다는 배당 전에 매도하는 전략이 더 수익 측면에서는 좋은 전략인 셈이다. 배당을 중심으로 한 투자전략을 〈그림 15〉를 통해 설명해보자. 참고로 태경산업은 12월 결산법인이다.

• 〈그림15〉 태경산업(015890) •

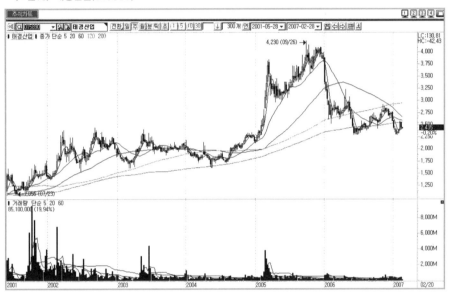

나는 이때 상반기가 지난 7월에 매수를 하여 배당 기산일전인 12월에 매도하는 전략으로 투자를 했다. 이 회사는 매년 150원이라는 일정금액의 현금배당을 하는 회사였다. 나는 2004년도 7월쯤에 투자를 했다. 그리고 12월에 매도하는 전략을 사용했다. 그리고 2005년에도 7월에 투자해 12월에 매도, 물론 2006년에도 7월에 투자해 12월에 매도를 하는 식으로 매년 투자를 했다. 물론 배당보다 큰 수익을 올릴 수 있었음은 당연하다.

한국주철관의 예를 하나 더 들어보겠다. 참고로 이 회사는 3월 결산 법인이다.

• 〈그림16〉 한국주철관(000970) •

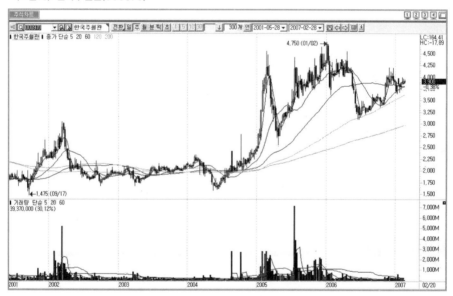

한국주철관은 매년 일정금액 145원의 현금배당을 하는 회사다. 3월 결산 법인이라 상반기가 지난 9월에 매수하여 배당 기산일전인 3월에 매도하는 전략을 썼다. 2003년에도 9월에 매수해 2004년 3월에 매도, 그리고 2004년에도 9월에 매수해 2005년 3월에 매도,

마찬가지로 2005년에도 9월에 매수하여 2006년 3월에 매도하는 전략을 쓴 것이다. 이 역시 배당보다 큰 수익을 올렸다.

이처럼 배당투자에 있어서도 수익을 중심으로 한 전략을 가지고 투자를 해야 한다. 그러나 정말 배당투자를 고려하여 투자할 주식이라면 신형우선주에 투자하는 것이 바람직하다. 왜냐하면 신형우선주는 일정 배당과 함께 일정 기간이 경과하면 본주로 전환이 되기 때문이다. 본주와의 괴리와 잔여기간을 따져보니 플러스 배당으로 연간 최소 10% 가량 수익이 나오는 데다 특히 본주로 전환되는 시점에 주가상승이 이어진다면 아주 큰 수익도 가능하다. 그래서 배당투자를 할 경우에는 리스크는 작은 대신 기대수익률이 큰 신형우선주에 투자하는 것이 바람직하다.

그러나 여기서 조심해야 할 것이 있다 신형우선주라고 해서 무조건 시간이 경과되면 본주로 다 전환되는 것이 아니라는 것이다. 전환이 안 되는 것도 많이 있으니 신형우선주라고 무조건 사서는 안 된다. 전환여부와 신형우선주에 대한 자세한 설명은 사업보고서의 주식의 총수에 자세히 나와 있으니 그것을 꼭 확인하길 바란다.

숨어 있는 복병을 찾아라

'우리 팀은 예선에서 뜻밖의 복병을 만나 고전을 면치 못했다.'

이 말은 스포츠 신문에 자주 나오는 말이다.

그러나 주식시장에서 말하는 복병은 위의 말처럼 그리 부정적인 의미는 아니다. 주식에서 말하는 복병이란 숨어 있는, 즉 말 그대로 실질적으로 외부에 잘 드러나지 않는 주식을 말하는 것이다.

그것은 바로 전환사채(CB)나 신주인수권부사채(BW)를 가리키는데, 사업보고서나 분기보고서에서 자본금 변동사항을 보면 자세히 나와 있다. 그리고 이것도 투자에 활용해야 함은 물론이다.

대개는 전환사채나 신주인수권부사채와 같이 잠재적인 주식이 있으면, 시장에서는 그 잠재주식이 다 해소되기 전까지 주가가 올라가지 않는다. 오히려 장기간 횡보상태이거나 오히려 주가가 하락하는 경우가 많다. 그렇다면 투자자는 이에 따른 전략을 어떻게 세우는 것이 좋을까?

전환사채, 신주인수권부사채 물량이 출회하고 난 후 주가가 하락하는 주식은 제외하고, 하락하지 않고 그 잠재물량을 다 소화하는 과정에서 횡보하거나 상승한다면 이것은 좋은 징조다. 도대체 이것은 무슨 뜻일까? 풀이해보면 이렇다.

한 회사의 잠재주식이 시장에 나온다고 가정해보자. 이전부터 그 주식을 사고 싶었지만 시장에는 물량이 없었던 것이었다. 그럼 어떻게 될까? 회사의 발전 가능성을 높게 봤다면 그 잠재물량이 나올 때 시장에서 수요가 올라가 당연히 주가는 상승할 것이다. 그러나 만약 잠재물량이 나왔을 때 주가가 하락한다면 그것은 그 회사의 발전 가능성을 낮게 봐 주식을 사려는 수요가 적을 것이다.

투자자는 잠재물량이 나올 때 당연히 주가가 하락하는 회사는
제외하고 잠재물량을 소화하면서 횡보하거나 상승하는 회사를 찾
아야 할 것이다. 내가 투자했던 기업 중 그 대표적인 기업이 바로
두산과 데이콤이다.

• 〈그림17〉 두산(000150) •

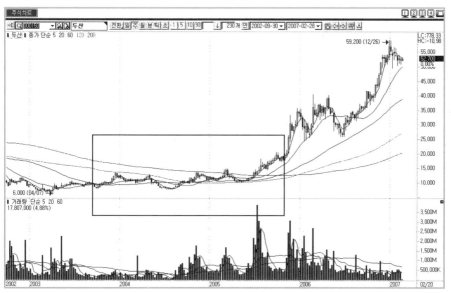

〈그림17〉의 네모 박스를 보면 2003~2005년 2년 동안 두산이
발행한 신주인수권의 80%가 주식으로 전환되어 시장에 나왔다.
신주인수권 때문에 2년간 심리적인 부담으로 주가는 옆으로 횡보
상태에 있었다. 그러나 2005년 말 80% 이상이 신주인수권 물량으

로 전환되어 시장에 나오고 난 후 불확실성이 해소된 후 주가가 상
승했다.

두산은 자산가치에 비해 저평가되어 있는데다 M&A를 통해 성
공한 기업이었다. 게다가 거래량을 보면 알 수 있듯이 신주인수권
이 시장에 나오자 투자자들이 그 주식을 사서 잠궈 놓고 있는 것이
다. 앞에서 언급한 것처럼 두산은 잠긴 주식이 된 것이다.

하나 더 예를 들어보자. 그 기업은 바로 데이콤이다.

• 〈그림18〉 데이콤(015940) •

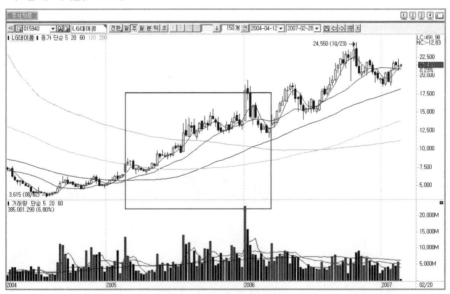

〈그림18〉에서 네모 박스가 2005년 2분기에서 2006년 2분기까지

데이콤의 전환물량이 본격적으로 나온 시점이다. 이 시점에서 보면 전환물량이 나왔는데도 시장에서 그 물량까지 흡수하며 상승하는 것을 볼 수 있다.

앞서 두산과 마찬가지로 여기서 꼭 알아둬야 할 것이 있다. 잠재 물량을 소화하는 과정에서 주가가 하락하면 투자해서는 안 되고, 최소한 횡보를 하든지 상승을 해야 그 주식이 더욱 상승할 수 있다는 것이다. 투자자라면 잠재물량이 시장에 나올 때 그 잠재물량의 소화과정을 잘 지켜보길 바란다.

카멜레온 기업을 주목하라

시대가 빠르게 변함에 따라 소위 뜨는 산업이 있는 반면에 지는 산업이 있다. 시대의 조류에 따라 판단해보면 IT, 웰빙, 실버, 바이오산업은 확실히 뜨고 있는 산업이라 볼 수 있다. 하지만 오랫동안 귀에 익숙한 상사商社들은 사양산업에 속한 듯 여겨진다. LG상사, 현대상사, 대우인터내셔널 등이 바로 그러한 상사에 속한 기업들이다.

상사는 대개 수출입을 담당하는 회사로 개발시대 이후 수출에 주력했던 기간에는 주목을 받았지만 이제는 그 말의 어감 자체가 시대에 뒤떨어진 듯한 인상을 준다. 그렇다면 이 회사들은 정말 사양길에 접어들었을까? 물론 피상적으로만 보면 이 회사들은 사양길에 접어든 것으로 여겨진다. 하지만 내가 조사한 바로는 결코 그렇지 않다.

동물의 세계를 보면 다양한 동물들이 새로운 환경에 적응해 살아남고자 필사적으로 노력하는 것을 볼 수 있다. 그러한 세계에서 끊임없이 변화하고 발전해 살아남는 동물을 보면 '변화와 적응의 천재'라고까지 여겨진다. 이렇듯 변화와 진화는 동물의 세계에서 살아남기 위한 절대적 덕목인 것이다.

이것은 기업의 세계에도 통용된다. 미국의 포천지에서 100년이 지나 여전히 100대 기업에 포함된 회사가 겨우 3개라는 조사결과를 발표한 적이 있다. 그리고 국내의 창업관련 조사보고서에는 창업한 10개의 기업 중에서 겨우 1개만이 살아남는다는 결과도 나와 있다. 무수히 많은 기업이 생겨나 시장에서 경쟁을 하지만 극소수만이 살아남는 것이다.

과거 우리나라의 수출산업 역군은 섬유, 신발산업이었다. 그러나 이제 섬유나 신발산업은 중국이나 동남아시아 국가의 주력산업이 되었다. 그리고 이제 우리나라의 수출 최전선에 있는 산업은 IT, 자동차, 조선이 되었다.

그렇다면 우리 기억에 아련한 상사들은 다 사라지고 만 것일까? 그래서 주식투자자의 입장에서는 별로 가치가 없는 기업이 된 것일까? 결코 그렇지 않다. 그들은 지금 정글 속의 동물처럼 변화와 진화를 거듭하고 있다. 투자자라면 바로 이를 눈여겨볼 필요가 있다.

한번은 투자자 모임에 참가했을 때의 일이다. 한 사람이 투자환경에 대해 푸념을 늘어놓았다.

"요즘 새로운 종목 없나요? 이제 나올 건 거의 다 나온 것 같은데. 새로운 산업들도 정체고. 요즘은 주식투자 할 맛이 영 안 나네요."

그러자 옆에 있던 한 사람이 말했다.

"상사는 어때요? 주가가 크게 오른 것도 없던데."

그러자 푸념하던 사람이 이를 되받아쳤다.

"상사요? 그거 사양산업 아닙니까? 지금이 60~70년대도 아닌데 상사가 전망이 있겠어요? 게다가 요즘 웬만한 회사라면 자체적으로 상사 기능을 하는 부서가 있잖아요."

그때 옆에서 가만히 그 이야기를 듣고 있던 내가 입을 열었다. 이미 이전에 나는 상사에 대해 조사를 좀 해둔 상태였다.

"상사라고 무조건 사양산업으로 보는 건 너무 단편적인 생각 같습니다. 저도 처음에는 상사가 사양길로 접어든 줄 알았는데 그렇지 않더라구요. 물론 전부 그런 건 아니지만, 상사도 살아남기 위해 변화와 진화를 위해 몸부림 쳐온 것은 분명하거든요."

그러자 모두들 신기한 듯 나를 쳐다보았다.

"좀 더 자세히 말 좀 해주세요."

나는 침을 삼키고 나서 말을 이었다.

"조사를 해보니 상사들이 새로운 분야에 진출을 했더라구요. 그 대표적인 것이 자원개발투자입니다. 몇 년 전부터는 직접 자원개발에 투자를 많이 했더군요. 가령 유전, 가스, 금광 같은 곳에 투자했는데 그것은 대단한 성공이었습니다. 대표적인 기업이 LG상사, 대우인터내셔널입니다. 전에 LG상사 IR에 참석했는데, 그 열기가 굉장히 뜨겁더라구요. 해외 자원에 투자한 성과가 기대 이상으로 나와서 그런 것 같더라구요."

　실제 LG상사뿐만 아니라 비슷한 시기에 상사들은 해외에 투자를 했다. 그래서 변화와 진화에 성공했다. 가령 2003년 초 LG상사는 주가가 5천 원이었고 대우인터내셔널의 주가는 3천 원에 머물렀었다. 그러나 해외자원 개발성과가 가시화되고 때마침 유가상승으로 인해 큰 성과를 올렸다. 덕분에 거기에 투자했던 나는 큰 수익을 올릴 수 있었다. 다음은 LG상사와 대우인터내셔널의 주가 추이

• 〈그림19〉 LG상사(001120) •

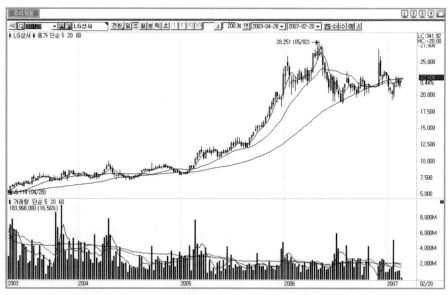

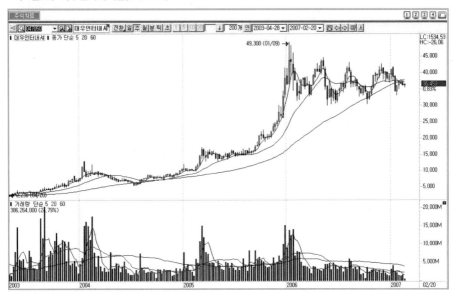

를 그린 차트다.

　이처럼 투자자들은 겉모습이나 선입견에 사로잡혀서 변화와 적
응에 성공한 산업을 놓쳐서는 안 된다. 기업들은 외부 환경에 반응
해 변화와 진화를 거듭한다. 기존 시장에서 성과를 내게 되면 항상
경쟁자가 등장하게 마련이다. 그래서 기업은 신규투자를 통해 새로
운 시장을 개척하는 것이다. 이러한 기업들의 횡보를 눈여겨볼 필
요가 있다.

　기업들의 새로운 시장 진출은 투자자에게는 새로운 기회를 제공
하기 때문이다. 물론 그 사업의 타당성 여부는 분명 제대로 판단을

해야겠지만, 이렇게 카멜레온처럼 변화하는 기업을 투자자라면 절대 놓쳐서는 안 된다. 물론 투자자도 카멜레온처럼 변화해야 함은 당연하다.

꿈만 꾸는 회사를 주의하라

사람이 살아가는 데 있어서 가장 중요한 게 무엇일까? 이 물음에 대한 답은 분분할 테지만 누구도 부정할 수 없는 것이 돈일 것이다. 자본주의 세상에서 돈이란 곧 기회의 또 다른 이름이자 성공의 척도이기 때문이다. 그러나 물론 돈도 중요하지만, 돈을 쓰는 사람은 더 중요하다. 돈이라는 것을 어떻게 쓰느냐는 결국 사람의 손에 달린 것이기 때문이다.

기업도 마찬가지다. 기업도 결국은 사람이 운영하는 것이기 때문이다. 앞에서 경영자와 CEO의 중요성에 대해 이야기를 했지만, 어쨌든 외부적으로 주가는 높은데 재무제표 상에서나 신규사업의 투자 등에서 신뢰가 가지 않는 기업을 본 적이 있을 것이다. 특히 투자설명회나 IR에서 허황된 미래에 대해 과대포장을 하는 기업들이 그러하다.

대체로 이러한 기업들은 내부자 정보라고 하면서 외부에 루머를 퍼뜨려 투자자들을 현혹하기도 한다. 더욱이 재무제표 상의 숫자들이 일관성을 가지고 있지 않아 경영이 불투명한 경우가 많다. 게다가 그런 기업의 경영자는 경영에 몰두하지 않고 정치적인 활동들도 잦은 편이다. 외부에 얼굴을 드러냄으로써 내부의 부실을 감추는 것이다.

"나도 주식투자를 드디어 시작하게 되었어."

고등학교 친구 하나가 동창회에서 나를 보고 한 말이다. 너무 자신만만하게 이야기하기에 투자한 회사가 어떤 회사인지 물었다.

"○○기업이라고 알아? 그 회사에 투자를 했어. 좋은 투자정보가 들어와서 말이야."

그 당시 주가가 급등하고 있던 회사였다. 나도 관심을 두고 보긴 했지만 왠지 사업 분야의 신뢰도나 재무제표 상 그리 믿음이 가지 않는 회사라 투자를 하지 않은 곳이었다. 또한 너무 잦은 신규사업의 공시를 내놓았다. 게다가 협회를 만들어 뻔질나게 외부에 얼굴을 비추기 시작했다.

"좀 위험하지 않을까?"

나는 우려의 눈초리를 보냈다.

"야야, 괜찮아. 내가 다 알아봤어. 활발한 신규사업 등으로 향후 호재가 많을 것이라고 하던데. 지금도 자고 나면 주식이 올라가고 있잖아."

"주가가 오른다고 무조건 좋은 게 아냐. 회사에서 말하는 대로 진짜 신규사업이 잘 되는지 봐야지. 함부로 믿으면 곤란할 수도 있어."

"괜찮아. 어쨌든 지금은 주가가 오르고 있으니까."

그리고 친구와 헤어진 지 얼마 되지 않아 그 우려는 현실이 되고 말았다. 그 친구가 투자하고 있던 ○○기업의 주가는 곤두박질치듯 하락하기 시작했다. 그 친구는 결국 이익은 고사하고 원금의 반도 되찾지 못했다. 그 ○○기업은 여러 가지 신규사업 진행을 공시하면서 말도 안 되는 것으로 주가를 올리고 유상증자를 했던 것이었다. 비단 이 기업만 그런 것이 아니다. 수많은 회사들이 이런 방식으로 개인투자자들을 울린다. 기본적으로 주식투자를 한다는 것은 그 기업을 믿고 투자하는 것을 의미한다. 회사가 정직하고 투명하지 않다면 한번 의심을 해봐야 큰 손해를 줄일 수 있다.

친구의 예를 들었지만 주식을 해오면서 많은 사람들을 봐왔고, 그렇게 일확천금을 바라다가 대부분은 엄청난 손실을 기록하고 주식시장을 떠났다. 최소한 다음의 꼭 피해야 할 몇 가지 경우만 숙지해도 이런 피해는 크게 줄일 수 있을 것이다.

1. 주력사업이 분명치 못한 기업은 피하라

이런 기업들은 자신들의 주력사업이 부재해서 대체로 주가에만 관심을 가지는 경우가 많다. 대주주가 역량이 있어 처음에는 튼실하고 참신한 회사로 여겨져 투자를 많이 받을 수는 있지만, 결국에 가서는 제 살 깎아 먹는 식으로 가격할인이나 광고와 같은 프로모션 방법을 선택해 재무제표가 나빠지게 마련이다. 대주주가 주식을 팔아치우는 시점이 되면 그 기업은 이미 되돌릴 수 없는 상황에 빠진 셈이다.

2. 신규사업 진출을 밥 먹듯이 하는 기업을 피하라

신규사업 진출을 밥 먹듯이 하는 기업은 자금횡령을 할 가능성이 굉장히 크다. 그리고 신규사업을 빌미로 투자자금을 끌어 모으거나 CD발행을 자주 하게 된다. 특히 신규사업 진출이라는 공시가 자주 뜬다면 의심해 볼 필요가 있다. 잘못하면 투자자만 손해를 입게 될 수 있기 때문이다.

3. 대표이사가 자주 바뀌는 기업을 피하라

대표이사가 자주 바뀐다는 것은 기업 자체에 문제가 많다는 것을 의미한다. 물론 그것이 경영권 분쟁이라고 하더라도 회사의 경영권이 안정되어 있지 않다는 것은 기업 발전에 결코 도움이 되지 않는다. 대표이사의 자질이 문제라고 하더라도 대주주들의 대표이사 선임에 문제를 노출한 것이다. 이것은 주주들의 의사결정에 문제 있다는 것을 의미한다. 이 또한 기업 발전에 도움이 되지 않는다.

6_ 트렌드를 주목하라

트렌드는 주식투자의 맥이다

우선 독자들에게 질문을 하나 던져보자. 옥션, 아이템 베이, 해피 켐퍼스의 공통점은 무엇일까? 인터넷 기업이라고 말하는 사람도 있을 것이다. 물론 맞는 말이다. 하지만 투자자라면 좀 더 색다른 답을 내려줬으면 하는 바람이다. 그럼 좀 더 구체적으로 이들의 공통적인 비즈니스 모델은 무엇일까? 그것은 다름 아닌 중개업이다.

요즘 새로운 비즈니스로 떠오른 것이 바로 중개업이다. 예전 같으면 공인중개사 이외에는 거의 상상도 할 수 없는 일이었다. 물론 이것을 가능케 한 것은 인터넷이다.

나는 주식투자를 하면서 다양한 사업을 조사하고 공부했다. 그

와중에 게임 회사에도 투자를 해 높은 수익을 거둔 바 있다. 아는 친구 중 게임에 푹 빠져 사는 친구가 있었다. 게임에 빠진 나머지 다니던 회사도 그만 둘 정도였고, 애인과도 헤어졌다. 게임에 별로 흥미가 없었던 나는 친구가 너무 걱정되어 하루는 충고를 했다.

"너 이제 결혼할 나인데 그렇게 게임에만 매달리면 되겠냐?"

그랬더니 친구가 말했다.

"모르는 소리 하지 마. 게임은 나이, 성별에 관계없이 즐길 수 있는 최첨단 엔터테인먼트라고. 게임으로 돈 버는 곳은 게임 개발하는 회사와 PC방 뿐만이 아냐. PC방에 가봐. 수많은 사람들이 게임을 하잖아? 그 중엔 즐기려는 사람도 있지만 그것으로 돈을 버는 사람도 있어."

"뭐라고 게임으로 돈을 번다고?"

"그럼 왜 나 같은 사람들이 미친 듯이 이렇게 게임을 하겠냐? 그렇게 해서 아이템을 팔아 돈을 버는 거야."

그러나 난 '그렇게 돈을 벌어봐야 얼마나 벌겠어?'라고 생각했다.

시간이 좀 지난 어느 날 그 친구와 만나기로 해서 PC방을 찾게 되었다. 자욱한 담배연기가 코를 찌를 듯했다. 주변에는 게임에 빠져 있는 사람들로 북적였다. 한때 나도 PC방에 살다시피 한 적이 있었다. 하지만 그때 나는 주식투자에 빠져 있었다. 그런데 지금 친구와 PC방 사람들은 다들 게임에 빠져 있었다. 물론 나는 게임 회사의 무한한 가능성을 보고 한때 투자를 했었지만 게임에는 그다지 좋은 인상을 가지고 있지 않았다.

그러다가 그 친구와 자주 만나고 게임에 대해 이것저것 알아보고 몇 번 따라해보니, 정말 게임은 대단한 매력을 가지고 있었다. 그러던 어느 날 친구가 내게 말했다.

"수민아, 게임 아이템을 사고파는 것에 대해 들어봤니?"

"뭐라고?"

"컴퓨터와 같은 것을 살 때 중개를 하는 게 옥션이잖아? 이처럼 게임 아이템을 사고팔 수 있도록 중개하는 곳이 있다니까."

"정말?"

"이게 친구 말을 뭐로 듣나."

그때는 한창 옥션이 성장하고 있을 때였다. 그래서 나는 속으로 '만약 게임 아이템을 중개하는 곳이 있다면 그 회사도 옥션처럼 크게 성장하겠구나'라는 생각이 들었다. 사실 몇 천만 원에 달하는 아이템이 난무하는 데다 아이템 때문에 살인까지 일어나는 상황이었다. 그래서 친구가 말해준 아이템 베이라는 회사를 조사하기 시작했다.

아이템 베이는 2001년에 온라인게임 아이템 중개서비스를 국내 최초로 시작한 회사였으며 그 이후 많은 유사한 회사가 생겨났다. 그러나 대부분의 회사는 몇 가지 주류 게임 아이템만 거래했지만 아이템 베이는 다양한 카테고리 속에서 소규모 게임의 아이템까지도 지속적으로 거래하고 있었다. 그래서 다른 기업보다 훨씬 고객만족도가 높았다.

게다가 아이템 베이는 게임 아이템 거래를 기반으로 한 사이버 자산 거래 및 지불 거래 시스템을 활용한 커머스 비즈니스 모델까지 구축하고 있었다. 이것을 구체적으로 설명하면 사이버 자산의 온라인 거래를 통한 이트레이드 비즈니스E-trade Business 정착과 함께 게임회사와 게이머의 가교 역할을 하는 사이버 자산 거래소의 개념을 띠고 있는 것이었다.

그렇다면 아이템 베이의 수익모델은 무엇이었을까?

그것은 바로 아이템 거래에 따른 수수료를 취하는 모델이었다. 사실 국내 아이템 거래 시장은 2005년 현재 약 8천억 원 가량이며, 이 중에서도 중개시장 규모는 5천억 원에 육박하고 있다. 아이템 베이는 중개시장을 대상으로 한 5천억 원 시장의 60%정도를 점유하고 있다. 그리고 2005년 기준으로 130억 원 이상의 순이익을 남겼다.

아이템 베이는 실제로 물건을 사고파는 곳이 아니다. 아이템 베이는 인터넷 게임이라는 가상의 공간에서 가상의 아이템을 거래하는 곳이다. 단지 고객들에게 마켓 플레이스Market Place를 제공하는 비즈니스의 모델로서 구매자와 판매자 사이에서 중립적인 입장을 취한다.

그렇게 분석을 하고 나서 주식현황을 보자 아이템 베이는 아직 비상장이었다. 혹시라도 관련된 회사가 있는지 찾아봤지만 없었다. 아쉬움과 함께 혹시 조금 기다리면 상장되지 않을까 하는 기대로 몇 년을 기다렸지만 현재까지 상장은 되지 않고 있다. 이렇게 난 아이템 베이를 통해 '중개 비즈니스는 돈이 된다'라는 결론을 내렸다.

옥션을 생각해보자. 지금은 세계 최대의 경매업체인 이베이에 인수되었지만, 이 역시 판매자와 구매자들의 중개역할을 하던 회사다. 그때 이베이가 주당 125,000원에 공개매수를 해 상장폐지를 시켰을 때 '왜 저렇게 비싸게 공개매수를 할까?'라고 생각했지만 지금은 충분히 그럴 만한 가치가 있었다고 판단된다.

스타벅스는 어떠한가? 결혼 전 와이프와 커피를 마시면서 식사비에 버금가는 커피 가격에 놀랐었다. 그러나 더 놀란 것은 그 커피를 마시기 위해 기다리는 줄이었다. 그리고 그 중에 80~90%는 젊은 여성이었다. 커피를 마시고 돌아와 스타벅스 코리아의 주식을 조사해 보았더니 이미 신세계에서 지분을 50% 가량 가지고 있었다. "역시 신세계야" 하는 감탄사가 튀어나왔다.

투자를 하는 데 있어 트렌드는 대단히 중요하다. 기업이 변화하는 것 이상으로 고객들은 변화한다. 그렇기 때문에 기업이 성장하기도 하고 부도나기도 하는 것이다. 고객의 변화를 상품이나 서비스에 재빠르게 반영하는 기업은 항상 성장하며 주가가 오르게 마련이다.

투자자는 이러한 트렌드를 포착하는 능력이 뛰어나야 한다. 그리고 그러한 트렌드를 빠르게 수용하는 기업을 찾아내야 한다. 그것은 아주 어려운 것이 아니다. 우리 주변을 둘러보기만 해도 충분히 찾아낼 수 있다. 단지 거기에는 관찰력과 역발상, 그리고 연상력이 필요할 뿐이다.

글로벌 시대는 관광, 레저의 시대다

주식투자를 해오던 내가 한번은 회사를 직접 차린 적이 있었다. 주식투자에 몸을 담고 있다보니 자연스레 수익성 좋은 기업이 눈에 들어왔다. 그리고 당시는 막 해외여행 붐이 일어나는 데다 2002년 월드컵을 눈앞에 둔 시점이었다.

'그래 여행사를 한번 차려봐야겠어.'

그래서 내가 가지고 있는 돈과 여기저기서 마련한 돈을 합쳐 드디어 여행사를 차렸다. 말이 여행사지 그저 인천 시내의 한 건물 귀퉁이에 간판을 내건 것에 불과했다. 하지만 의욕은 하늘을 찌를 듯했다. 그래서 아침마다 직원들에게 이렇게 말했다.

"아직은 작은 규모지만 이제 곧 여행산업의 성장으로 우리 회사는 큰 규모의 기업으로 성장할 것입니다. 여행은 이제 전 국민적인 여가생활로 자리 잡았으니까요. 전에 말씀드린 것처럼 저를 믿고 따라주십시오. 저는 여행의 활성화를 확신합니다."

그 당시 인터넷이 막 보급된 단계에 있어서 다른 업체에서는 시도조차 하지 않았던 여행사 사이트까지 제작해 온라인여행까지 사업을 전개하였다. 직원들이라 해봤자 고작 세 명밖에 되지 않았지만 난 대기업 총수가 된 것처럼 의기양양해 있었다. 내 예상대로 역시나 회사 운영은 순조롭게 이어졌다.

그 이후 내가 차린 이후 줄줄이 새로운 여행사들이 생기기 시작했다. 그것을 보면서 나는 속으로 생각했다.

'뭐든지 앞서 나가는 사람이 경쟁에서 이기는 거야. 신속하게 시장을 선점하는 사람만이 살아남을 거야. 우리가 시장을 먼저 선점했으니 큰 문제는 없을 거야.'

그렇게 나는 자신만만했다. 그러나 한편으로는 처음의 자신감과는 달리 차츰 손님이 떨어지는 것을 느끼면서 불안해지기 시작했다.

"사장님, 어제 예약했던 손님이 예약을 취소하겠대요."

"아니, 그게 무슨 소리야?"

"P여행사로 바꿨다고……."

불안감은 현실로 나타나기 시작했다. 승승장구하던 회사 상황은 1년이 되지 않아 점점 무너지기 시작했다. 처음에는 다른 여행사에 손님을 하나둘씩 빼앗기는가 싶더니 급기야 일주일에 예약 건이 겨우 한두 건에 이를 정도로까지 떨어졌다.

알고 보니 원인은 이러했다. 여행사는 여행상품을 만들고 개발하고 보내는 하나투어나 모두투어 같은 도매업체가 있고 우리와 같이 만들어 놓은 여행상품을 가지고 판매를 하는 소매업체로 구분되어 있었다.

처음 내가 여행사를 시작할 때는 다행히 소매업체도 몇 개 없어서 그나마 여행사가 잘됐지만 얼마 지나지 않아 여행사가 돈이 된다니까 너도나도 소매업체를 세웠던 것이다. 그러자 가격경쟁이 치열해지면서 수익률이 급격히 내려갔던 것이다. 그럼 수익을 내는 방법은 하나였다. 하나투어처럼 직접 상품을 개발하는 수밖에 없었다. 사방팔방으로 뛰어다녔지만, 하나투어처럼 여행사를 키우려면 너무나 많은 자금이 소요된다는 것만 깨닫게 되었다. 20대 중반인 내가 그 자금을 감당하기는 힘들었다. 그렇게 하여 시작은 좋았지만 여행사를 접게 되었다.

그러나 여행산업에 대한 나의 비전까지는 버리지 않았다. 그렇게 여행사를 처분하고 나서 나는 다시 주식으로 눈을 돌렸다. 여행업에서 돈이 되는 것은 여행상품을 개발하는 도매업체란 것을 알고 있던 나는 그렇게 하여 하나투어에 주식을 투자했다.

그러나 내가 생각한대로 여행산업의 붐은 그렇게 빨리 일어나지 않았다. 그렇지만 여행산업에 대한 나의 믿음은 한결같았다. 그리고 월드컵을 치르고 난 이후 나의 예상대로 여행산업은 급격한 성장을 하기 시작했다. 신혼여행으로 으레 제주도를 생각하던 것이 엊그제 같았는데 월드컵을 계기로 해외로 신혼여행이 일반화되었으며, 해외여행이 생활화된 것이다.

그렇게 해서 여행사 창업으로 손실이 났던 자금 이상을 여행산업의 성장으로 벌 수 있었다. 그리고 그때 나는 생각했다. '난 주식을 떠나서는 살 수 없구나'라고 말이다. 〈그림21〉은 투자 전후 하나투어의 주가 차트다.

'국내 제조업이 벌어들이는 외화보다 내국인이 외국여행으로 쓰는 관광비가 더 많다'는 최근 국내 통계청 자료가 나온 적이 있다. 이러한 자료는 투자에 있어서 대단히 중요한 지표임에 틀림없다. 특히 관광산업과 맞물려 있는 호텔이나 항공 분야 등의 추이는 지

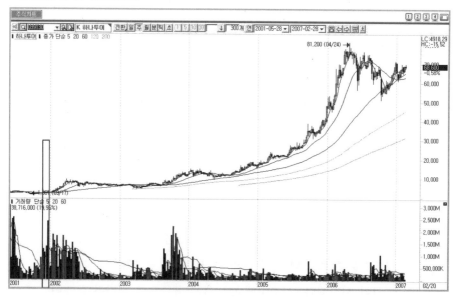

켜볼 필요가 있다. 그리고 이와 함께 레저산업 분야에 대한 관심도 중요하다. 물론 여기서 자체 상품에 대한 유무와 시장 지배력, 고객 서비스의 만족도 등을 고려해야 함은 당연하다.

교육환경이 급변한다

내가 대학을 졸업할 당시 학과 친구들은 다들 토익시험이나 공무원시험을 준비하느라 학원에 다니고 있었다. 졸업을 앞두고 취업이 절체절명의 과제이기도 했지만, 취업난이 갈수록 심화되고 있었기 때문이었다. 그러나 당시 나는 주식에 전념하고 있었다.

"난 대학을 졸업하면 내 사업을 할 거야. IT 쪽으로 말이야. 내가 컴퓨터 도사인 거 잘 알지? 한 10년쯤 지나면 아마 천억 대 정도의 기업체를 운영하고 있지 않겠어?"라고 대학 내내 항상 떠벌리던 친구가 있었다.

그러나 그 친구도 졸업을 앞두고는 정작 공무원시험을 준비한다면서 노량진에 있는 공무원 학원에 다니고 있었다. 그렇게 다들 대학 다닐 때의 원대한 꿈을 버리고 평범한 직장인이 되려 하고 있었다. 그렇다고 직장이 쉽게 얻어지는 것도 아니었다. 상황이 이렇다 보니 나 역시 초조한 마음을 감출 수 없었다. 그런 것을 아셨는지 하루는 형님이 내게 이렇게 말했다.

"수민아. 벌써 대학졸업이구나. 너 혼자 벌어서 대학 다니느라 고생했다. 그런데 내가 그동안 너를 지켜보면서 해주고 싶은 말이 있었어. 너도 알다시피 요즘 경제가 말이 아니잖아. 서울의 좋은 대학을 졸업해도 취직이 안 된다고 난리더라. 이젠 너도 안정적인 직장을 가질 때가 된 것 같은데? 주식이라는 게 항상 불안정하잖아. 스트레스도 많고. 그래서 말인데 공무원시험을 준비해보는 것이 어떠니? 너는 원래 머리가 좋으니까 웬만한 공무원시험에는 합격할 수 있을 것 같은데."

그날은 형에게 뚜렷이 한다 안 한다는 말을 하지 못했다. 하지만 그날 이후 마음고생을 할 수밖에 없었다.

'그래, 형 말대로 주식은 젊은 한때의 직업으로 만족해야 하는 것인지도 몰라. 어쩌다가 내가 운이 좋아서 주식으로 수익을 내고 있을 뿐이지 앞으로의 운명은 어떻게 될지 모르잖아. 까딱 방심하는 순간에 쪽박을 찰 수도 있는 게 이쪽 세계야. 좀 있으면 장가도 가야 하고 가정을 꾸려야 할 거고. 그러려면 좀 더 안정적인 직장을 가지는 게 좋겠지.'

그렇게 해서 나는 공무원시험을 치르기로 마음을 먹었다. 물론 마음이 편할 리 없었다. 평생 업으로 생각해온 주식을 하루아침에 그만둔다는 게 못내 아쉽기도 했다. 그러나 경제난 속에서 명문대 출신도 취업이 안 되는 현실을 감안한다면 이제라도 빨리 결단을 내리는 수밖에 없었다.

그러나 말로만 들어오던 노량진에 처음 발을 디뎠을 때 내 눈은 휘둥그레졌다. 어찌나 많은 사람들이 학원 강의실과 로비 그리고 인근 식당에 빽빽이 들어차 있는지 참으로 신기했다. 그 수많은 사람들이 각기 목표로 한 시험에 합격하기 위해 학원을 다니고 있었던 것이다.

학원 수강증을 끊고 난 후 보름 정도 강의를 들으러 노량진을 오고 갈 때였다. 내 머릿속에서는 여전히 본능적으로 주식에 대한 생각이 펼쳐지고 있었다.

'경제가 안 좋으면 이렇게 학원가에 시험을 준비하는 학생들이 몰리겠구나. 요즘 같은 불황기에는 학원사업이 오히려 잘 되겠는데? 학원을 운영하는 기업에 투자를 하면 좋겠어.'

강의를 받으러 노량진을 오가면서 내 머릿속에서는 이 생각이 끊이지 않았다. 그러다가 어느 날부터 나도 모르게 학원 기업체를 조사하기 시작했다. 물론 학원강의를 받고 늦게 집으로 돌아온 후 토막 시간을 이용했다. 조사를 해보니 대치동 집값이 치솟고 있는 것도 따지고 보면 유명한 학원들이 들어서 있기 때문이었다. 그리고 강남의 집값이 오르고 있는 것도 같은 맥락이었다.

'그래, 한국은 세계적으로 높은 교육열을 자랑하지. 강남 집값이 상승하고 있는 것도 높은 교육열 때문이라고 할 수 있지. 학교 교육을 대신하는 학원사업은 앞으로 무궁무진하게 발전할 수밖에 없을 거야.'

그렇게 해서 나는 교육공무원 시험준비를 3개월 만에 접고 교육 기업에 투자해서 다시 주식시장에 컴백하였다. 특히 인터넷 교육기업인 메가스터디에 대한 투자는 향후 트렌드를 예측한 성과였다.

최근 이러닝e-learning 분야의 각광을 이끌고 있는 대표주 중의 하나인 메가스터디는 오프라인 교육에만 매진했던 학원사업 분야에서 새로운 블루오션을 창출했다. 그리고 나는 개인적으로 이러닝 분야에 대한 장점과 비전을 보았다. 시간과 장소에 구애되지 않고, 반복해서 시청할 수 있으며 오프라인에 비해 저렴한 가격 등은 오프라인의 교육생들을 온라인으로 움직일 수 있는 커다란 요인이었다.

다음의 〈그림22〉는 메가스터디의 주가 차트다.

물론 나는 이러한 온라인 교육기업에만 투자한 것은 아니다. 그

외에도 웅진 씽크빅, YBM시사, 디지털 대성 등과 같은 교육기업
에도 투자를 했다. 어쨌든 교육기업은 우리나라의 교육열이 떨어
지지 않는 이상 살아남을 것이다. 물론 교육환경의 변화에 따라 잘
적응하는 기업이어야겠지만, 그 브랜드는 만들기도 쉽지 않은 데
다 아성이 견고하다. 반면 교육 트렌드를 잘 반영하는 기업이라면
시장 자체가 크기 때문에 충분히 투자가치가 높다는 것을 기억하
기 바란다.

빛, 그 화려한 변신

밤에 한강다리를 건너본 사람은 알 것이다. 한강다리가 얼마나 아름다운지를 말이다. 나는 저녁에 퇴근할 때면 항상 한강다리를 건너곤 했다. 그럴 때마다 한강다리가 내뿜는 오색찬란함에 감탄을 했다. 그런데 때로는 한강다리에 불이 꺼져 있는 경우도 많았다.

'아, 오늘은 아름다운 한강다리를 볼 수 없네?'

그때마다 '왜 한강다리에 불을 켜지 않을까?'라는 생각이 들었다. '혹시 전기세 때문이 아닐까?' 하는 의구심도 들었다. 그런 생각을 하던 중 문득 전에 읽었던 책이 생각났다. 바로 니치아의 『청색혁명』이었다. 그 즉시 난 집에서 전에 읽었던 그 책을 다시 꺼내 읽어 보았다. 그렇게 한강다리로 인해서 나는 LED에 대해 관심을 갖게 되었다. 그리고 본격적으로 LED 산업에 대해 조사를 시작했다. 그리고 다음과 같은 사실들을 알게 되었다.

LED는 전력소모가 적은데다 반영구적으로 사용이 가능한 조명 제품이었다. 단지 현재는 가격이 비싸서 사용영역이 좁을 뿐 가격만 하락한다면 거의 모든 조명제품이 LED로 바뀔 수 있다는 것을 알게 되었다. 그리고 향후 LCD에 들어가는 CCFL도 LED로 대체될 것이고, 고급차의 브레이크 등에도 LED가 들어가며, 가로등 간판 등 향후 많은 산업에 LED가 들어갈 것이라는 사실도 알게 되었다. 그렇게 일주일 정도 LED에 대해 공부를 하니 머릿속에 환한 빛이 들어오는 것 같았다.

'그래, 앞으로는 LED가 대세야. 가격도 점차 내려가고 밝기도 아주 뛰어나니까 말이야. 분명히 이것을 개발하는 우리나라 기업이 있을 거야. 그리고 만약 그 기업이 있다면 향후 전망은 아주 좋을 거야.'

그렇게 해서 찾아낸 기업이 바로 서울반도체였다. 서울반도체는 자회사인 옵토디바이스라는 생산공장을 보유하고 있으며 월 200만 개를 생산할 수 있다. 그리고 LED 조명시장은 오슬람, 루미레즈, 니치아와 같은 기업 등이 LED를 만들어 조명업체에게 공급을 하고, 조명업체가 이를 완제품으로 만들어 납품하는 구조를 지닌다. 아울러 2007년 서울반도체는 LED 200만 개를 판매할 예정이라고 한다.

게다가 2006년 전체 조명시장은 광원 20조 원에다가 등기구, 안정기 등 조명기기 77조 원을 합쳐 총 97조 원 정도로 추정된다. 특히 여기서 LED 조명시장은 연 평균 25%의 고성장을 지속할 것으로 보인다. 그리고 서울반도체는 오는 2010년 총 2.7조로 추정되는 LED 조명시장에서 6,000억 원의 매출을 올려, 22%의 시장점유율을 차지하겠다는 계획이다.

다음은 서울반도체에 대한 언론기사다.

"크리스마스트리를 수놓은 전구처럼 화려한 LED들 중 유독 밝은 빛을 내는 제품이 눈에 띈다. 'Z-Power LED P4'(P4)라는 이름의 제품이다. P4는 서울반도체가 독자 기술로 개발, 지난 달 첫 선을 보인 세계에서 가장 밝은 LED다. 1000밀리암페어(mA)의 전류에서 최고 240루멘(lm)의 빛을 낼 수 있어 기존 LED제품(160lm/700mA)보다 최고 전력상태에서 50% 가량 밝다. 발광효율도 1W(와트) 당 평균100lm으로 형광등(70lm/W), 백열등(15lm/W) 등 다른 모든 발광제품들을 능가한다. 김재조 서울반도체 부사장은 '세계 1위 LED업체인 일본 니치아사도 구현에 실패한 밝기'라고 강조했다."

P4는 기존 조명용 LED 제품을 대체하는 것은 물론 새롭게 LED 시장을 창출할 것으로 보인다. 향후 자동차 헤드라이트를 포함해 분수대, 터널, 다리 등 경관조명 분야에서도 수요가 폭발적으로 늘 것으로 보인다. 그리고 P4는 선보인 지 한 달도 안 됐는데 일본, 미국, 유럽 등 세계 40여 개국으로 수출되고 있다고 한다.

여기서 서울반도체 김 부사장의 말을 들어보자.

"저희 제품은 LED 소비국 대부분이 구입하고 있는 셈입니다. P4로만 올해 수백억 원의 매출을 올려 회사 전체 매출액이 2,000억 원을 훌쩍 넘기는 견인차가 될 것입니다."

서울반도체는 지난해 1,830억 원의 매출을 올려 국내 LED업체 가운데 1위를 기록했다.

예전에는 커피숍이나 술집이 모두 어두운 조명이었던 것을 기억할 것이다. 그러나 최근 커피숍이나 술집을 가보면, 조명 자체가 하나의 인테리어로 취급되고 있음을 확인할 수 있다. 아울러 새로 지어진 집을 방문해보면, 이전처럼 형광등 일색의 조명을 뛰어넘어

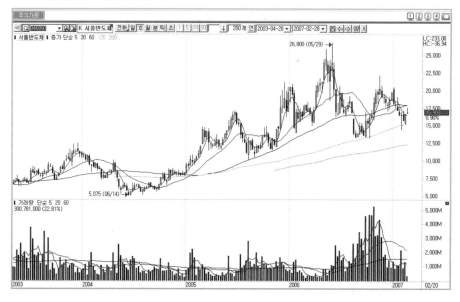

새로운 패턴의 조명기구들로 구성되어 있다. 이러한 생활의 변화는 우리가 다니는 길거리에서도 쉽게 발견할 수 있다. 바로 입간판만 보더라도 우리는 이를 확인할 수 있다.

이처럼 한강다리 하나를 통해서도 나는 투자에 대한 아이디어를 통해 트렌드를 유추해내고 투자 아이디어를 찾곤 한다. 물론 그러한 것이 유추만으로 끝나는 것이 아니라 기업탐방과 분석이 뒷받침 되어야 함은 당연하다.

이와 함께 최근 트렌드에 관한 책이나 미래 예측서를 읽어보고 이를 투자에 활용해보는 것도 하나의 방법일 수 있다. 이렇듯 투자란 세상과 동떨어진 그 무엇이 아니다, 우리 생활에 그 투자의 모티브는 수없이 널려 있다. 그것을 읽는 눈을 키워본다면, 어렵지 않으면서도 확률이 높은 투자를 할 수 있을 것이다.

보안업체의 비상

야간대학교를 다닐 때다. 친구들과 밥을 먹고 있는데 긴급 뉴스가 보도되었다.

"저게 뭐꼬?"

TV를 보던 친구가 놀란 눈을 휘둥그레 뜨면서 말했다. 그 말에 막 국을 입에 넣으려던 나도 TV 쪽으로 시선을 돌렸다.

"어어. 저거 봐라."

그 보도는 9·11 테러에 대한 것이었다. 누구나 다 기억하겠지만 쌍둥이 빌딩이 먼지바람을 일으키며 허물어지는 모습은 그야말로 충격적이었다. 그 장면 하나만으로도 마치 제3차 세계대전이 일어나는 것처럼 여겨질 정도였으니 말이다. 그 장면은 미국에서 태평양을 건너 멀리 떨어진 우리나라마저 공포의 도가니로 몰아넣었다. 미국 경제의 상징인 쌍둥이 빌딩이 폭삭 주저앉은 것을 그저 남의 나라의 일로 간주할 수 없었기 때문이다.

그래서 한국의 정치인과 경제인들은 9·11 사태의 추이를 유심히 지켜볼 수밖에 없었다. 곧이어 9·11 사태는 주가에도 영향을 미치기 시작했다. 제3차 세계대전이 일어날 거라는 풍문도 떠돌았다.

'아, 전쟁이 나면 주식을 어떡하지?'

9·11 테러를 목도하면서 나는 본능적으로 주식에 대한 걱정이 들었다. 다행히 시간이 지나면서 크게 우려했던 일은 더 이상 일어나지 않았다. 그러나 전 세계에 지속적인 긴장감이 감돌고 있다는 것을 TV에서 매일 확인할 수 있었다. 그리고 사람들은 보안의 중요성을 생각하기 시작했다. 최첨단 안보 시스템을 자랑하는 미국이 소수의 테러리스트에 의해 처참히 유린당하는 것을 많은 사람들이 똑똑히 목도했기 때문이다. 그래서 사람들은 자신도 언제, 어디서, 어떤 테러를 당할지 모른다는 두려움을 갖게 되었고 또 이에 대한 대비를 해야 한다고 생각했던 것이다.

이 과정에서 국내 보안업체의 주가가 상승하기 시작했다. 그러자 나는 다른 주식을 거의 다 팔아 보안업체의 주식을 사들였다. 그때 투자했던 보안업체가 바로 '에스원'이다. 에스원은 '세콤'이라는 브랜드로 잘 알려져 있었다. 무인 경비 시스템 전체를 '세콤'이라는 이름으로 일컫는 사람들이 많을 만큼 '세콤'은 국내 무인 경비 분야의 대표 브랜드나 다름없었다. 그리고 은행이나 귀금속점을 비롯해 일반 가정집이나 상점에서도 '세콤'의 경비구역 표지판을 흔히 볼 수 있었다.

'세콤'의 고객으로는 서울의 남대문과 상암동 월드컵경기장, 서울시청, 국립중앙박물관, 예술의 전당, 대한상공회의소 등을 꼽을 수 있다. 현재까지 '세콤'은 전국에 36만 명의 고객을 보유하고 있으며 2006년에는 6,267억 원의 매출을 올렸고 2007년에는 7,000억 원이 넘을 전망이다.

자료를 찾아보니 우리나라에서 무인 경비가 시작된 것은 1981년 에스원에 의해서였다. 첫 고객은 명동의 한 귀금속점이었는데 당시는 감지센서 같은 첨단장비가 없어서 출동 차량이 거의 24시간 점포 앞에 머물면서 지키다시피 했다. 그러다 86년 아시안 게임과 88년 서울올림픽을 계기로 '보안시장'이 급격하게 성장했다. 그리고 지금은 무인 경비 시스템을 어디서나 쉽게 만날 수 있다.

현재 에스원은 무인 경비 시스템 시장의 60% 정도를 차지하고 있는데다 실적도 대단히 좋다. 최근 5년 동안 평균 15.3%의 고성장을 이뤄낸 것은 물론, 당기순이익 역시 2004년 578억 원에서 2005년에는 25% 증가한 726억 원을 기록했다. 2006년 상반기에만 422억 원의 실적을 올려 올해 800억 원을 무난히 넘길 것으로 내다보고 있다. '고객만족'을 위해 지속적으로 서비스 개선을 해온 '에스원'은 앞으로도 계속 성장해 갈 것으로 보인다.

그렇게 9·11 테러를 계기로 모든 사람들이 보안에 관심을 가지고 있을 때 난 에스원에 지속적으로 관심을 가지고 투자했다. 그리고 큰 수익을 거두었다. 〈그림24〉는 에스원의 주가추이를 나타낸 차트다.

이처럼 트렌드란 어떤 불시의 상황으로 인해 발생하는 경우도 있다. 물론 그것은 대단한 이슈일 경우에 한정된다. 어쨌든 세상은 갈수록 험악해지고 있다. 미국 뉴욕의 범죄율이 1초당 3건이라는

발표나 페이스 팝콘의 저서 『팝콘 리포트』에 나온 코쿠닝의 개념을 모르더라도 우리는 뉴스에서 끔찍한 범죄를 일상적으로 접하곤 한 다. 그리고 강력범죄의 상승에 대해 경찰청에서 발표하는 자료도 접한다. 이와 아울러 국내에서 늘고 있는 컨벤션 산업과 이벤트 산 업의 유치현상에서도 절대 빠질 수 없는 것이 보안이다.

 이러한 트렌드를 읽었다면 보안업체에 대해 다시 한 번 심도 있 게 조사를 해보는 것은 어떨까? 어쨌든 투자란 실행이 최고의 과제 이기 때문이다.

웰빙, 실버산업을 주목하라

언젠가부터 가끔 집에 있는 날이면 케이블 방송은 나에게 하나의 즐거움이 되었다. 경제관련 프로그램을 챙겨 볼 수 있는 것도 좋았지만, 채널의 선택권이 넓어 이리저리 돌려 보는 것도 재미가 있었기 때문이다. 여느 때처럼 그날도 '뭐가 재미있으려나?' 하면서 채널을 돌려대고 있었다.

"당신의 몸이 원하는 글루코사민은……."

글루코사민이 어쩌고저쩌고 하는 것을 보아하니 영양제 선전 같았다. 다시 채널을 돌렸는데, 돌린 채널에서도 같은 광고가 나오고 있었다. 그런데 채널을 돌리는 사이 나는 그 광고를 몇 번이나 접하는 것이 아닌가?

'아하, 이게 요즘 잘 나가는 건가 보구나.'

광고를 많이 하는 제품은 대개 히트상품일 경우가 굉장히 높았다.

"여보, 글루코사민이라고 알아?"

부엌에서 설거지를 하던 아내가 내 물음에 고개를 돌리며 말했다.

"매일 당신 먹으라고 챙겨 둔 영양제가 바로 그거잖아요."

"뭐? 그게 그거였어?"

딱히 무슨 상표인지까지 확인하지 않았기에 다소 놀랄 수밖에 없었다.

"그나저나 요즘 이거 잘 나가는 건가 보지?"

"요즘 선전도 많이 하잖아요. 선전 보고 괜찮겠다 싶어서 산 거예요."

그 말을 듣고 나는 방으로 뛰어들어가 인터넷으로 글루코사민을 검색했다. 각 제약업체와 식품회사들이 경쟁을 하는데 각각의 회사마다 글루코사민이 있었다. 자세히 보자 회사/캡슐/개월분이라고 표기된 회사마다의 광고가 많았다. 그러나 거기엔 캡슐회사의 이름이 공통적이었다.

'아, 맞다. 제조사는 다르지만 캡슐이 공통점이네.'

난 다시 캡슐에 대해 검색을 하고 나서 본격적으로 캡슐분야에 대해 조사를 하기 시작했다. 그렇게 찾은 회사는 서흥캅셀이었다. 그리고 즉시 회사의 주가를 보았다. 주가는 그저 보합수준을 계속 유지하고 있었다.

다음날 나는 바로 서흥캅셀에 전화를 걸어 직접 회사방문에 대한 약속을 잡았다. 회사 관계자를 만나자 그는 현재 글루코사민이나 글로렐라와 같은 건강식품 때문에 엄청나게 바쁘다고 말을 이었다. 그래서 나는 물었다.

"회사의 강점이 뭐라고 생각하세요?"

그는 이렇게 말했다.

"캡슐의 독점적 지위죠."

그랬다. 서흥캅셀은 한국캅셀과 함께 85:15로 국내의 캡슐시장을 거의 독점하고 있었던 것이다. 제조회사는 다르지만 제약이나 건강식품을 담는 캡슐은 거의 모두 서흥캅셀에서 만들고 있었던 것이다. 또한 캡슐이 위까지 가는 도중에 터지지 않고 위에서 잘 녹도록 만드는 고도의 기술력 또한 상당한 수준이었다.

"앞으로 회사 계획은 어떤가요?"

"웰빙과 실버산업에 맞추어 캡슐의 수요가 증가할 것으로 예상됩니다. 따라서 공장의 효율성을 높이기 위해 중장기적으로 공장 증설과 이전계획이 있습니다."

이후 몇 가지 궁금증에 대해 이야기를 나눈 후 회사의 관련자료를 받아왔다. 분석을 하면 할수록 재무적으로도 건전했고 배당 또한 마음에 들었다.

"웰빙과 실버산업이라……."

이때는 웰빙이나 실버산업 붐이 막 일어나기 전이었다. 그러나 회사 관계자와의 이야기라던가 대세를 보아 얼마 지나지 않아 웰빙과 실버산업의 붐이 일 것이라는 느낌이 강하게 들었다. 그리고 실버산업 또한 외국의 경우처럼 조만간 다른 산업과 접목되리라는 생각이 들었다.

"좋아, 내 생각을 믿자."

언제나 그렇지만 마지막에 가서 믿게 되는 것은 나 자신이었다. 그렇게 해서 나는 서흥캅셀에 투자했다. 그리고 얼마 되지 않아 TV에는 이런 뉴스가 나왔다.

'새로운 유행. 시대가 웰빙을 원한다. 건강하게 오래 사는 법.'

어느 정도 유행이 될 것이라는 생각은 했지만, 그렇게 전 세계적인 유행이 될 줄은 꿈에도 몰랐다. 미리 흐름을 읽었다는 점에서 뿌듯함마저 생길 정도였다. 실버산업 또한 차츰 각광을 받기 시작했고, 서홍캅셀과 함께 웰빙, 실버산업에 관련된 식품회사, 그리고 제약회사들의 주가가 상승하기 시작했다. 나 또한 서홍캅셀을 비롯한 제약주 등에 투자를 하여 큰 수익을 냈음은 당연하다. 어쩌면 나는 시대가 웰빙과 실버산업이 원하는 것을 일찍 알아챈 것을 참 행운이라고 생각한다. 〈그림25〉는 서홍캅셀의 주가 차트를 나타낸 것이다.

• 〈그림25〉 서홍캅셀(008490) •

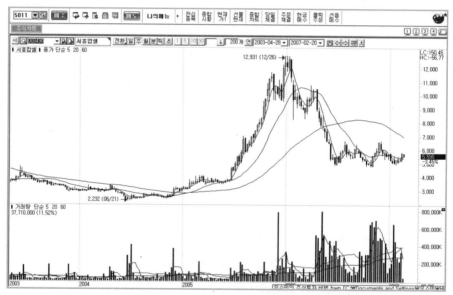

사람은 누구나 건강하게 오래 살고픈 욕구를 가지고 있다. 이것은 생물학적인 본능이나 다름없다. 이와 아울러 우리나라에서 세계적으로 유래가 없는 노령화가 진행중이라고 한다. 베이비붐 이후 세대들은 생활이 풍족해진 시점에서 눈높이나 소비가 자신만의 가치를 지닌 것에 한정되는 경향을 지닌다. 특히 건강과 환경이라는 테마는 점차 높은 관심을 받을 것이 확실하다. 이러한 흐름 속에서 우리의 투자는 준비되어 있는가?

현명한 투자자는 현재에서 미래를 보는 법이다.

뉴미디어 시대가 열린다

세계적으로 유명한 부자 중에 루퍼스 머독이라는 사람이 있다. 이 사람은 뉴미디어에 대한 감각이 뛰어나 언론사 인수와 M&A를 주도해 지금은 세계적인 언론재벌이라 불릴 정도로 성공한 사람이다. 최근 전 세계의 뉴미디어 발달은 우리의 상상을 초월한다. 오죽하면 자고 나니 세상이 바뀌었더라는 소리가 있을까? 그 말은 곧 변동도 심하지만 그만큼 발전성도 크다는 것을 의미한다. 우리나라의 뉴미디어도 이제는 세계적인 수준이다. IT와 더불어 그 변화와 발전은 참으로 놀랍다 할 수 있을 것이다.

이처럼 뉴미디어를 이야기할 때 빠질 수 없는 것 중 하나가 아마도 방송일 것이다. 우리 집도 위성방송을 시청한 지가 몇 년이 지났는데, 새벽에도 방송이 되는 걸 생각하면 세상이 많이 바뀌었다고 느껴진다. 그리고 최근의 인터넷 미디어의 발달은 세계 최고라고 하니 자부심마저 느껴진다.

그러나 사실 내가 뉴미디어 쪽에 관심을 가지게 된 것은 그리 오래 되지 않았다. 그냥 자연스레 느끼고 사용하다 보니 그것이 얼마나 큰 가치인지를 느끼지 못했던 것이다. 옛말에 '등잔 밑이 어둡다'고 하지 않던가.

"여보, 우리 집도 접시를 신청하는 게 어떨까요?"

"뜬금없이 웬 접시?"

이렇게 위성방송skylife을 신청하게 된 계기는 아내가 보고 싶어 하는 프로그램이 제공되기 때문이었다. 개국한 지 얼마 안 된 터라 요금도 쌀 때였다. 처음에는 거절했지만 아내의 거듭된 요구에 마지못해 신청을 한 후 얼마 지나지 않아서 나도 몇몇 프로그램을 즐겨보게 되었다.

왜 이런 이야기를 하는 것일까? 뉴미디어와 관련된 주식의 중요성을 말하기 위해서다. 어느새 자연스레 우리 삶 속을 파고든 뉴미디어. 그러나 이와 관련된 주식의 종류 또한 많고 다양하다. 그리고 그런 만큼 선택 또한 잘 해야 한다.

"뉴미디어 쪽으로도 주식을 한번 사봐요."

아내가 웬일로 먼저 주식을 사보라고 재촉하기에 놀라 이렇게 물었다.

"아니, 당신이 무슨 바람으로 주식을 사라고 하는 거야?"

"방송을 보다 보니까 위성방송, DMB, IPTV, WiBro와 같은 이야기가 많이 나오잖아요."

"이제 당신도 주식투자자의 마누라가 다 되었구만."

이렇게 웃으면서 한편으로는 '내가 모든 것을 주식과 연관시켜 생각하는 것이 아내에게도 옳았나 보다'라는 생각이 들었다. 그렇지 않아도 그 분야에 흥미가 생긴 탓에 관련된 주식을 한번 찾아보기로 했다. 뉴미디어 관련 주식은 범위를 어떻게 잡느냐에 따라 클수도 있고 작을 수도 있다. 단순히 방송사, TV 등으로 따지면 범위가 좁지만, 방송을 만들고 서비스하고 관련 장비까지 따지면 넓어지기 때문이다.

처음에는 종목을 따지다 보면 다 거기서 거기 같다는 생각이 들 것이다. 그렇기에 자신만의 기준을 정해 그 기준에 맞는 것을 찾아야 한다. 기준이 확실하다면 아무래도 좀 더 수월하기 때문이다. 내가 생각한 것은 한쪽으로 치우친 것이 아니라 다양하게 발전요소가 높은 것이었다.

어떤 곳을 선택할까 고민하면서 TV 앞에 앉아 채널을 이리저리 돌리다가 문득 증권방송 채널을 보게 되었다. 주식을 하는 사람은 다 아는 채널이며 나 또한 주식을 하면서 장 중에 항상 켜놓는 방송이었다.

그런데 특이사항을 발견했다. 이전에는 광고가 홈쇼핑 광고나 약간 질이 떨어지는 광고가 주류였는데 이제는 대기업 광고가 주로 나오는 것이었다. 그날 난 그 채널의 광고를 분석해봤다. 불과 몇 년 전만 해도 2류 광고가 주를 이루었는데 몇 년 만에 지상파 방송과 유사한 광고만 나오는 것이었다.

난 그 순간에 느낄 수 있었다. 그리고 '이 채널의 광고단가가 이젠 2류 광고가 들어올 수 없을 정도로 올라가지 않았을까?'라는 생각이 들었다. 그 다음날 아침 나는 그 기업에 전화를 했다.

"여보세요. 한국경제TV입니까?"

"네, 맞습니다. 무슨 일이시죠?"

나는 회사에 관심을 표명하며, 회사의 담당자와 2일 후 만나자는 약속까지 잡았다.

"안녕하십니까. 그때 전화를 드렸던 사람입니다."

"네, 안녕하십니까. 한국경제TV의 K부장입니다."

대리급이 나올 것이라 예상했던 것과는 달리, 부장이 나와 이야기를 하게 되어 내심 놀랐다. 그런 나에게 K부장은 자신들이 그만큼 적극적으로 일을 하고, 그만큼 믿음을 주기 위해 최선을 다하고 있다고 했다.

"광고주의 질이 이전에 비해 상당히 틀리던데 그 이유가 있습니까?"

"네, 잘 보셨습니다. 광고단가는 KOBACO(한국방송광고공사)에서 책정하지만 지속적으로 단가가 상승하고 있습니다. 최근에 광고의 질이 달라진 것은 광고단가도 단가지만 초창기에는 회사의 성장 때문에 끼워주기 식으로 광고를 해준 것이 많았지만 회사가 성숙단계에 접어들고 시청률 또한 안정적이어서 이젠 그런 광고가 거의 유료로 전환된 탓입니다. 물론 그에 따라 회사의 수익성도 많이 좋아지고 있습니다."

그랬다. 그를 통해 나는 광고의 질이 달라진 이유를 정확히 알

수 있었으며 이전에 비해 회사가 좋아지고 있다는 것을 직감적으로
느꼈다. 그렇게 회사를 찾아가 기업방문을 마친 후 그 회사에 대해
좀 더 조사를 했다.

한국경제TV는 비록 지금은 케이블 방송에 지나지 않지만, 각종
방송 미디어와 인터넷을 망라한 종합 멀티미디어 정보회사를 비전
으로 삼고 있었다. 이런저런 조사를 더 해본 결과 한국경제TV는
한국경제신문의 자회사로서 합리적이고, 투명한 경영 철학이 배어
있었다. 최종적으로 나는 재무제표까지 꼼꼼히 확인한 후, 그 회사
에 투자를 결정했다. 〈그림26〉은 한국경제TV의 주가 차트를 나타

• 〈그림26〉 한국경제TV(039340) •

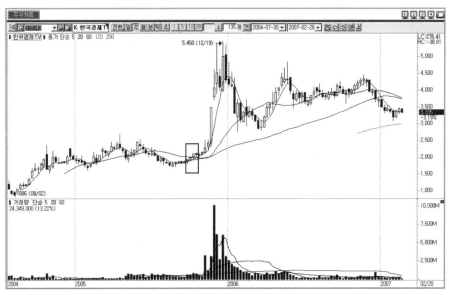

낸 것이다.

위와 같이 난 2005년 10월 무렵 회사방문과 함께 한국경제TV에 투자를 결정했다. 그 이후 한국경제TV는 뉴미디어 시대에 맞게 큰 수익을 안겨주었다. 이와 같이 뉴미디어에 관련한 주식에 투자를 하려면, 그 회사의 발전성을 보고 판단하는 것이 중요하다. 지금 당장의 화려함보다는 재무제표의 내실과 앞으로의 발전 가능성이 더욱 중요한 것이다. 뉴미디어와 관련된 산업은 어쩌면 이제 시작에 불과할지도 모른다. 향후에는 보다 큰 발전과 변화 그리고 부가가치가 있을 것으로 생각된다.

투자의 귀재 워렌 버핏도 지속적으로 방송사에 투자를 해 큰 수익을 올렸다고 한다. 국내 케이블업체 중 위성방송 사업자를 가장 많이 가지고 있는 태광산업의 주가상승을 보면 이것 또한 뉴미디어 시대에 도달했음을 반증하는 증거다. 뉴미디어 관련 산업은 앞으로도 무궁무진하게 발전할 것이다. DMB, WiBro, IPTV 등 뉴미디어 시대로 접어들면서 그와 관련된 회사들 중에 큰 수익을 창출하는 회사가 어디일지 투자자라면 한번 생각해봐야 할 것이다.

아내와 자식 말고 다 빌리는 시대다

친구의 집들이에서 술을 한 잔 먹게 되면서 이런저런 이야기를 나누던 중이었다. 나는 배가 아파 화장실로 뛰어갔다. 그런데 화장실 안에는 당시로서는 생소한 비데가 설치되어 있었고, 볼일을 보고 나와 둘러보니 비싼 정수기도 보였다.

"정수기와 비데는 언제 산 거야?"

"아, 산 건 아니고, 얼마 전에 렌탈한 거야."

"렌탈?"

정수기와 비데 가격이 돈을 주고 사기에는 부담이 갈 정도로 비싸다는 건 나도 알고 있었다. 그런데 그의 말에 따르면 렌탈 식으로 해서 매달 얼마씩을 지불한다는 것이었다.

"그런 식으로 돈 나가면 좀 아깝잖아. 차라리 할부로 구입하는 게 낫지 않나?"

"아니야. 사용해보니 렌탈 비용이 그리 비싼 것도 아니고, AS나 서비스도 좋더라고."

"서비스가 좋다고?"

친구의 설명에 따르면 렌탈 비용도 저렴한데다 필터 교체에 약간의 돈이 들기는 하지만, 주기적으로 방문해서 서비스를 제공한다는 것이었다. 게다가 신상품이 나오면 사용자의 동의 아래 약간의 돈만 더 받은 후, 신상품으로 교환까지 해준다는 것이었다. 그러면서 나한테도 렌탈을 해보라고 권했다.

"렌탈 회사는 어디야?"

"웅진코웨이야. 투자라도 하려고?"

"글쎄, 일단 조사를 해보고 결정해야겠지."

돌아와서 곰곰이 생각해보니 참으로 기발하고 만족도가 높은 마케팅이 아닐 수 없었다. 기업이 아무리 좋은 제품을 만든다 해도 결국 마케팅을 못하면 사장되고 만다. 그것을 감안해 본다면, 당장은 한 대 가격의 절반에도 미치지 못하지만 어느 정도 시간이 지나면 그 이상을 뽑아내는 셈이었다.

사실 이때만 해도 내가 웅진코웨이에 대해서 아는 것은 단지 정수기 회사라는 것뿐이었다. 막연히 이런 사실만 알고 있다가 새로운 것을 깨달은 느낌이라 신선했다. 그리고 웅진코웨이 자체에 대한 흥미가 생겨 조사를 더 하게 되었다.

"여보, 이번에는 어디를 조사하는 거예요?"

"웅진코웨이라고 거 있잖아. 정수기 만드는 회사."

"정수기요? 그러고 보니 우리 옆집도 그 집 정수기 렌탈해서 쓰던데."

아내도 웅진코웨이의 렌탈 방식을 아는 것을 보니 마케팅이 큰 효과를 거두고 있는 모양이었다.

'아, 지금이 적기구나.'

웅진코웨이의 주식을 사려면 바로 지금이 적기라는 사실을 깨달았다. 다음 날 바로 나는 웅진코웨이의 주식을 샀다. 그 이후 정수기와 비데의 렌탈은 입소문을 타면서 더욱 퍼졌고, 주가는 계속 상승하게 되었다. 〈그림27〉은 웅진코웨이의 주가 차트를 나타낸 것이다.

이렇듯 마케팅이 뛰어난 회사는 높은 가치를 가진다. 현대는 마케팅 자체가 기업의 큰 경쟁력이어서 하나의 학문으로까지 취급되는 시대다. 아무리 큰 대기업이라 해도 마케팅을 잘 못하면 제품이

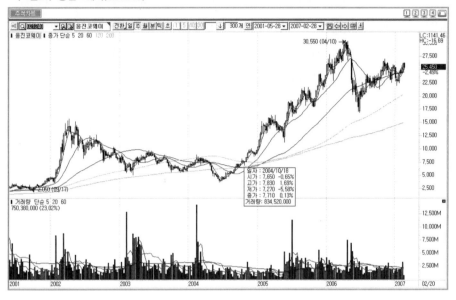

사장되고, 중소기업이라 할지라도 마케팅이 좋으면 성공하는 시대
다. 물론 규모의 경제라는 거대한 틀 안에서 보자면 마케팅도 대기
업의 전유물처럼 여겨지기도 한다.

　하지만 기왕 주식투자를 한다면 관심을 가진 기업이 어떤 마케
팅을 하는지, 그리고 그런 마케팅이 어떤 효과를 거두는지 살피는
것도 큰 도움이 될 것이다. 웅진코웨이의 정수기나 비데, 그리고 만
도위니아의 딤채 냉장고와 같이 기발한 마케팅으로 시장의 난국을
돌파한 기업들은 시장 점유율 측면에서 절대적 가치를 창출한다.

　웅진코웨이의 마케팅은 구입에 대한 가격적 부담을 줄이고, 모든 것을 빌려서 사용할 수 있다는 마케팅의 새로운 모델을 보여주었다. 그리고 부가적 서비스를 통해 고객만족도를 향상시키며, 이익을 창출하는 독특한 마케팅 전략을 구사했다. 이것은 소비자의 구매 트렌드를 분석해 마케팅 전략을 세워 가능한 것이었다.

주식투자자도 이제는 이러한 트렌드의 분석과 마케팅 전략의 흐름을 읽는 눈이 필요하다. 앞에서도 이야기했듯이 투자자라면 기업을 보라고 한 이유가 바로 그것이다. 자그마한 마케팅 전략 하나가 나비효과를 불러일으켜 주가에 거대한 영향을 끼치기 때문이다.

7_ 이슈는 심리를 움직인다

우량주는 악재를 이용해라

　주식투자자라면 악재나 호재가 터져나왔을 때 그것이 기업에 어떠한 영향을 끼치는지 파악해야만 한다. 특히 주가는 호재보다 악재에 민감하게 반응한다. 그러나 악재라고 반드시 시장이나 주식투자자에게 악재일까? 오히려 반대다. 그런 악재를 잘 판단하는 주식투자자가 오히려 큰 돈을 벌 수 있다. 왜냐하면 일반투자자들은 악재가 터지면 시장에 대량으로 물량을 내놓지만 정작 주식을 사고 싶어 하는 사람들은 이러한 악재에 대량으로 물량을 흡수한다. 이때는 단기간에 많은 물량을 살 수 있기 때문이다.

　그래서 악재 출현 이후 주가에는 큰 변화가 생긴다. 하지만 여기서 반드시 알아 두어야 할 것이 있다. 그 악재가 기업가치에 큰 변화를 주는 악재인지 아니면 단발적인 악재인지 빨리 판단해야 하는 것이다. 그럼 실질적인 예를 보겠다. 〈그림28〉은 삼성물산의 거래량을 나타낸 것이다.

• 〈그림28〉 삼성물산(000830) •

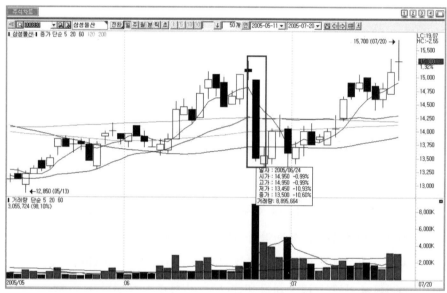

위 차트의 네모 칸을 보면 알겠지만, 2005년 6월 24일 "삼성물산 해외현지법인Samsung Hongkong Ltd이 금속영업과 관련한 선물거래로 약 800억 원 규모의 손실이 발생했다"라는 뉴스가 나왔다. 그날 삼성물산의 주가는 장대음봉으로 1,600원이 떨어져 10%정도 급락

하였다.

난 그날 장이 끝나고 나서 곰곰이 생각에 잠겼다.

'아니? 삼성물산 시가총액이 2조 5천억 원인데 해외현지법인의 800억 원 손실로 시가총액이 2천 500억 원이 빠진다는 것이 말이 되는 것인가? 그것도 일시적인 현상인데.'

그렇게 나는 그날 장이 끝나고 곰곰이 생각한 후에도 주말 내내 삼성물산에 대해 좀 더 고민을 했다. 그리고 6월 27일과 28일 이틀 간 삼성물산에 대해 분할매수를 단행했다. 그 악재가 기업에 기본적인 큰 틀에 전혀 영향을 주는 것이 아니라고 판단했고, 그 악재 이후 대량거래로 보아 '그 이후 물량을 이렇게 흡수하는 것을 보면 누군가가 이 회사의 주식을 싸게 사고 싶어한다'라는 생각이 들었다.

그리고 머릿속에 이런 생각이 번뜩였다.

'그래, 지금이 삼성물산을 싸게 살 수 있는 절호의 기회야.'

그렇게 나는 그 악재가 삼성물산의 펀더멘탈에 그리 큰 영향을 주지 않을 거라는 확신으로, 오히려 단기적인 악재를 이용해 매수를 단행했고 큰 수익을 낼 수 있었다. 〈그림29〉의 주가추이를 확인해보라.

그림을 보면 알겠지만 주가는 그 이후 정말 크게 상승하였다. 그리고 그때의 거래량을 한번 보기 바란다. 누군가가 악재를 이용하여 상당히 많은 주식을 아주 싼 값에 산 것을 확인할 수 있을 것이다. 그날 이후 주가는 한 번도 그 가격대로 오지 않고 지속적으로 상승했다. 일반투자자들이 악재로 인해 주식을 시장에 마구 팔아댈

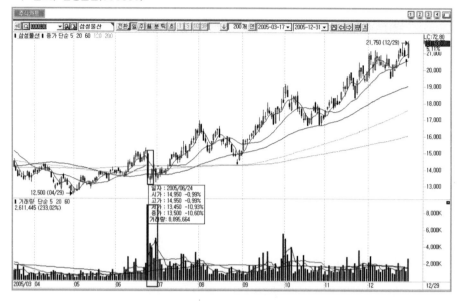

때, 다른 편에서는 그 우량주를 아주 싼 값에 산 것이다.

또 하나의 예를 들어보자. 〈그림30〉은 한화의 거래량을 나타낸 차트다.

이 그림을 보면서 그때 당시의 기사를 한번 살펴보도록 하자. 이 기사는 2006년 6월 1일 기사의 일부다.

"예금보험공사가 한화그룹이 대한생명 인수과정에서 이면 계약 으로 투자자 자격요건을 실질적으로 위배한 것으로 드러남에 따라 계약의 무효 취소 등을 다투는 국제 중재를 신청할 계획이다."

이와 함께 한화의 주가는 그날 하한가로 곤두박질쳤다. 그날 장

이 끝나고 난 후 난 또 곰곰이 생각했다. '이미 한화그룹에 대한생
명은 인수되었고 여기에서 과연 무효가 될 수 있을까?'라는 생각이
든 것이다. 상법에 의하면 이미 거래가 성립된 것을 무효화 할 수는
없었다. 그리고 국제 중재라는 것은 대단히 오랜 시일이 걸리는 사
안이었다.

난 또 그때 주식에 대한 기질이 발휘되었다.

'그래 이때가 한화를 싸게 살 수 있는 기회야. 그룹 성장과 지주
회사로서 자산가치가 얼마인데 특히 대한생명의 가치는 이루 말할
수 없어.'

그렇게 난 또다시 우량주에 대한 악재를 접하고 나서 한화의 주식을 2~3일에 걸쳐 매수했다. 그리고 얼마 지나지 않아 주가는 다시 위로 올라갔고 주가는 지속적으로 상승했다. 〈그림31〉은 한화의 주가차트다. 차트의 곡선을 한번 쭉 훑어보기 바란다.

• 〈그림31〉 한화(000880) •

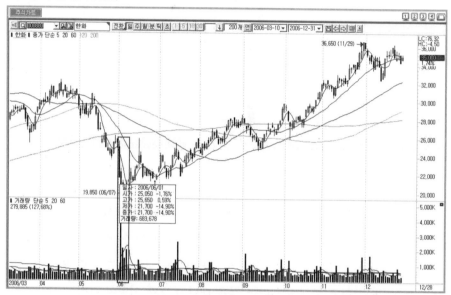

위 차트도 보시면 아시겠지만 그 악재 이후 주가는 우상향으로 지속 상승했다. 또한 거래량을 눈여겨보기 바란다. 일반투자자들이 내다팔 때 누군가는 이때가 기회라고 주식을 샀던 것이다. 이는 삼성물산의 차트나 현상과 아주 유사하다.

위의 삼성물산과 한화의 예를 우리는 주식시장에서 흔히 볼 수 있다. 이러한 악재가 나온 뒤 수많은 사람이 주식을 내다팔 때를 기회로 삼아 오히려 주식을 사서 이익을 실현하는 사람들은 의외로 많다. 아주 대표적인 것이 9·11테러 때다. 너도나도 전쟁이 날 것이라고 판단해 주식을 내다팔 때 어느 누군가는 그 주식을 몽땅 사서 상승할 때 그 차익을 누렸다.

이게 바로 주식투자다. 그리고 이것이 바로 주식투자가 심리전이라는 것을 증명해주는 결과다. 이 부분에 대해 곰곰이 한번 생각해보기 바란다. 그래서 내 매매철칙 5번에 이런 것이 있다

"주식시장을 냉정하게 바라보자. 모든 사람이 아니라고 할 때 과감히 베팅하자."

주식투자는 분명 심리전이다. 그 심리전에서 이기려면 대중의 심리와 똑같이 생각해서는 이길 수 없다. 특히 우량주들의 주가하락을 이끄는 악재가 기업가치 그 자체에 치명적인 절대 악재인지 아닌지 판단하는 것은 대단히 중요하다. 이 점을 꼭 기억하시고 투자에 참고하기 바란다.

정치와 법을 알면 주가가 보인다

주식의 가치가 변하는 데에는 여러 가지 요인이 있지만, 정치적인 요소를 무시할 수 없다. '주식이라는 것이 경제적인 개념이라서

정치와 무슨 연관이 있겠어?'라고 소홀히 여기는 경우가 있는데, 이는 주식이라는 개념을 너무나 좁게 보기 때문이다. 그러나 정치는 거대한 기업과 시장의 판도를 변화시킨다. 그리고 그것을 뒷받침하는 것이 바로 법이다.

가령, 신문이나 TV를 열심히 보는 사람이라면 누구나 느낄 수 있을 것이다. 정권이 변할 때마다 불이익이 생기는 기업이 있는가 하면, 갑자기 주가가 상승하는 등 호재를 보이는 기업이 있는 것을 말이다. 그것만 보더라도 의외로 정치가 경제에 얼마나 영향을 끼치는지 느낄 수 있는 것이다.

"여보, 나 며칠간 광주 좀 다녀올까 해."

"광주요? 거기는 일가친척도 없잖아요."

"어, 고등학교 친구 하나가 거기에 사는데 물어볼 것도 있고 보고 올 게 좀 있거든."

김대중 전 대통령이 당선되었을 당시 나는 전라도 기업이 성장할 것이라 판단했다. 우선 그분이 전라도 출신이라는 점과 그동안 상대적으로 낙후되어 있던 전라도 지방의 균형발전을 도모하리라는 확신이 섰던 것이다. 이는 특히 전 국토의 균형발전 공약과 맞물려 있었다. 그래서 이와 관련된 기업을 찾아보면 좋은 투자처가 되리라는 생각이 들었던 것이다.

이후 정권이 바뀌어 또 한 번의 대통령 선거가 치러지고 정권이 들어서게 되었다. 그러나 그 정권도 실제적인 기반을 전라도에 둔 것이나 다름없었다. 여당의 대통령 후보 선정에 절대적 영향을 끼친 데다 대통령 선거에서 그에게 압도적인 표를 던져주었기 때문이다. 그런데 그때서야 비로소 나는 광주를 방문하고 있었다.

"김대중 씨가 대통령이 되어서 광주도 많이 발전했지요?"

난 광주에 내려와 친구를 만나러 가는 도중 택시에서 기사 아저씨에게 여쭈어 보았다.

"당연한 것 아닙니까? 그래야만 하구요. 여기엔 기업다운 기업이 별로 없었잖아요. 하지만 아직도 낙후되어 있는 건 마찬가지죠. 좀 더 많은 지원과 대책이 필요하죠."

"그렇군요."

그리고 고등학교 친구를 만나 소주를 마시면서 많은 이야기를 나누었다. 그러다가 정치와 경제의 연관성에 대한 이야기로 흘렀다. 거기서 다시 나온 기업이 바로 금호그룹이었다. 직접 광주에 와서 이리저리 지역 기업에 대해 묻고 친구와 소주를 먹던 중 이전부터 알고 있던 금호그룹이 눈에 들어왔던 것이다. 금호그룹은 전라도를 기반으로 하는 기업으로, 1946년 광주택시에서 시작해 1948년 금호여객을 설립하며 발전한 기업으로, 재무적으로 안정적이며 튼실한 구조를 보이고 있었다.

전라도에 큰 기업이 별로 없는 상황에서 그나마 금호그룹이 대표적인 기업이라는 것을 알게 되었다. 단정을 지을 수는 없었지만 뭔가 그 그룹에 촉수가 닿는 것을 느낄 수가 있었다. 그렇게 친구와 여러 이야기를 나누고 나서 못다한 이야기는 다음으로 미루고 서울로 돌아왔다. 그리고 좀 더 자세히 금호그룹을 공부하고 분석하였다.

'음, IMF로 주가가 급락한 이후 대선 기대감으로 주가가 잠깐 반짝한 적이 있구나.'

그러나 그것이 실질적으로 실적과 연결되면 주가는 훨씬 더 폭등한다는 것을 난 잘 알고 있었다. 왜냐하면 나도 테마주에 대해 잘 알고 있었기 때문이었다. 테마주는 기대감에 주가가 한 번 상승하고 그 이후 그것이 실적과 직접 연결되는 시점에 또 한번 주가가 크게 상승하는 것을 그동안 경험을 통해서 잘 알고 있었다.

'김대중 정부 때의 금호그룹의 실적은 그 정권 이후 나타나게 될

• 〈그림32〉 금호석유화학(011780) •

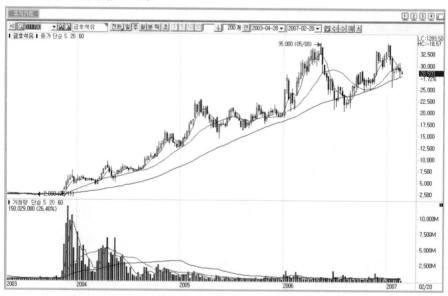

것이다. 왜냐하면 정권 당시 실적이 증가한다면 특혜 의혹이 되기 때문이지. 그래 금호그룹 전체에 투자하는 거야.'

이 게임은 작은 게임이 아니라 큰 게임이라는 것을 나는 감각적으로 알아차렸다. 그래서 금호산업, 금호석유화학, 금호종금, 아시아나항공 등 금호그룹 전체에 투자를 했다. 그 이후 내 생각은 맞아떨어졌고 금호그룹의 실적은 눈이 부시게 좋아졌다. 주가 또한 상장한 주식 중에서 남부럽지 않은 상승을 기록해 나를 만족시켜 주었다. 〈그림32〉와 〈그림33〉은 금호석유화학과 금호산업의 주가추이를 나타낸 것이다.

• 〈그림33〉 금호산업(002990) •

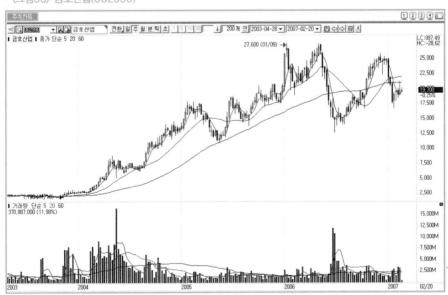

이와 같이 정권이 주식에 미치는 영향은 당장은 드러나지 않는 것 같아도, 몇 년 정도 지나면 큰 영향력을 발휘한다. 신문이나 잡지 등의 언론매체를 많이 접하는 것은 필수이고, 주위 사람들과 대화를 많이 하면서 많이 듣는 것이 유용할 것이다.

또한 법안의 심의나 통과에 대해 촉각을 세울 필요가 있다. 의회민주주의에서 정치란 근본적으로 법을 통해 집행된다. 최근 발의된 분양원가제도와 같은 것은 근본적으로 건설업체의 실적에 큰 영향을 미친다. 마찬가지로 환경분담금과 같은 것은 친환경 기업에는 유리하지만, 그렇지 못한 기업에게는 실적이나 매출 측면에서 지대한 영향을 미친다. 그리고 이러한 것들은 기업가치에 장기적인 영향을 미치는 요소로 작용한다.

이와 같이 우리 주변의 모든 것이 주식을 크게 보는 시각을 키우는 데 도움이 된다. 정치에 주목하고 그 정치권이 지향하는 것이 무엇인지 파악하라. 그것이 법적으로 어떻게 발의되는지를 확인하고 대응하라. 그러고 나서 거기에 속한 기업의 주가변화를 미리 알아낸다면, 투자에 있어 큰 후회는 없을 것이다.

재주는 곰이 넘고 실속은 장사꾼이 챙긴다?

'재주는 곰이 넘고 실속은 장사꾼이 챙긴다'라는 속담이 있다. 주식시장에도 이 속담은 적용되곤 한다. 2004에서 2005년까지 증권업계의 가장 큰 이슈 중 하나는 국내 조선업체의 대규모 수주였다. 그렇다면 이런 수주로 과연 조선업체들이 돈을 많이 벌었을까?

막상 따져보면 사실 그렇지 않다. 재주는 조선업체가 넘었어도 정작 실속은 조선관련 기자재업체들이 챙겼기 때문이다. 국내 조선업체의 수주물량은 이미 2010년도까지 다 잡혀 있어 더 이상 수주를 받을 수 없는 상태였으며, 특히 LNG선의 수주는 국내업체들이 싹쓸이 한 상황이었다. 그러나 원화강세에 따라 조선업체들의 수익성은 크지 않았다.

그런데 배를 만들 때 들어가는 조선관련 기자재업체들은 호황을

• 〈그림34〉 STX엔진(077970) •

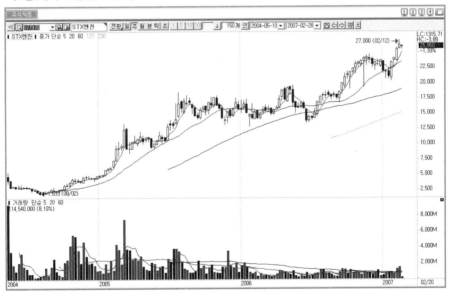

누렸다. 얼마나 호황을 누렸으면 주식시장에서 '재주는 곰이 넘고 실속은 장사꾼이 챙긴다'라는 이야기까지 나왔겠는가. 나는 이미 이 것을 파악했던 상황이었고 투자에 활용했다. 그 당시 이미 나는 선 박용 엔진을 전문적으로 제작하는 회사에 관심을 가지고 조사를 해 두었던 것이다. 〈그림34〉는 그 당시 조사를 해두고 투자했던 STX 엔진의 주가추이를 나타낸 것이다.

〈그림34〉에서처럼 STX엔진은 업계의 호황에 따라 주가가 지속 적으로 상승하고 있으며 진행형에 있다. 이 회사는 선박용 엔진을 전문으로 제작하며, 안정적인 방산용 선박엔진 등을 생산하는 회사 다. 선박용 엔진은 고난도의 기술이 필요한데 이 회사는 주로 선박 용 보조엔진을 납품했었다. 그러나 기술개발을 이뤄 선박용 주엔진 으로 시장을 확대하는 중이었다.

선박용 엔진은 진입장벽이 높아 국내 3사(현대중공업, 두산엔진, STX엔진)가 독점적인 지위를 누리며 영업망을 형성하고 있었다. 또한 조선업체의 수주물량 확대에 따라 이 회사도 수주물량이 기하 급수적으로 늘어났다.

국내 조선업체가 사상최대의 수주실적을 보였지만 정작 조선업 체는 환율하락과 철강가격 인상에 따라 오히려 수익성은 악화되 었다. 그러나 이때 정작 STX엔진의 수익성은 날이 갈수록 좋아졌 고 주가 또한 사상최고치를 갱신해 갔다.

그 외에도 조선기자재 업체인 태웅, 현진소재, 화인텍, 한국카 본, 삼영엠텍, 케이에스피와 같은 종목도 업계의 호황을 이어갔다.

이처럼 재주는 곰이 부리지만, 정작 이익은 다른 곳에서 보는 경우를 우리는 흔히 볼 수 있다. 특히 자동차나 조선과 같이 완성업체는 오히려 상황이 안 좋은데 반해, 부품 공급업체가 호황인 경우가 있다. 이는 사실 조그만 발상의 전환만으로도 알아낼 수 있는데, 일반투자자들은 완성업체와 부품 공급업체의 경기를 동일시하는 경향을 지닌다.

이때 바로 옥석을 구분할 줄 아는 투자자라면 객관적인 눈을 가진 투자자라 할 수 있다.

유가가 상승해도 수익을 내는 기업이 있다

"유가 사상 최고가!"

모든 언론에서 최근 1~2년간 이런 뉴스가 하루가 멀다 하고 매일 반복되었다. 우리나라 최대 수입품목이 석유인데다, 국가나 기업에 미치는 영향이 너무나 크기 때문에 유가의 변화는 투자에도 커다란 변화를 가져온다.

그래서 난 그때 주식시장을 보면서 유가에 대해 공부를 하기 시작했다. '왜 이렇게 유가가 오르는 걸까? 그리고 그 원인이 무엇일까? 정말 석유가 고갈되어 가고 있는 것인가?' 등과 같은 의문이 끊임없이 나를 이끌었던 것이다.

그러나 공부를 하면서 난 무엇인가 힌트를 얻게 되었다. 유가가 오르는 원인은 정작 원유가 모자라서가 아니었던 것이다. 실질적으로 원유는 중동지역에 많이 매장되어 있었다. 그렇다면 왜 유가는 매일 최고치를 향해 오르는 것이었을까? 중국 및 신흥시장의 경제발전으로 원유의 수요가 많았던 것이 그 원인이었다.

그리고 '그 수요에 비해 원유를 뽑아 올릴 시설이 부족하다'라는 것이 그 결론이었다. 그리고 '그럼 앞으로 원유를 많이 생산하면 유가는 저절로 안정되겠군'이라는 생각에 미치게 되었다.

'아, 그럼 석유가 많이 매장되어 있는 중동지역에 석유를 뽑아 올릴 시설투자가 많이 되겠다. 석유를 뽑아 올릴 플랜트 시공을 잘하는 회사를 한번 찾아보아야 되겠군.'

그리고 얼마 지나지 않아 신문을 통해 유가상승으로 중동지역에 대규모 설비투자가 이루어진다는 것을 알게 되었다. 또한 기술력이 있는 국내 건설업체가 중동지역 플랜트의 수주건을 하나둘씩 체결했다는 뉴스가 언론을 통해 발표되었다.

그때 난 감각적으로 무엇인가를 느꼈다. '이건 시작에 불과해! 중국 및 신흥시장의 경제는 앞으로도 크게 성장할 거야. 그럼 플랜트 설비투자도 더욱 활성화될 거야'라는 판단이 들었다.

신문을 보다가 두바이에 세계 최고의 빌딩이 국내업체에 의해서 만들어지는 것을 보면서 이제 국내 건설업체가 국제적인 경쟁력을 갖추었다는 것도 알게 되었다. 예전처럼 건설업체가 단지 단발성 테마주로 끝나지 않고 국제적으로 경쟁력을 갖춘 회사는 아주 큰 도약을 할 수 있을 거란 확신이 들었다. 그래서 건설업체를 찾아 조사를 하기 시작했다.

해외 건설업체와도 경쟁할 수 있는 회사를 찾아보던 중 월드컵 경기장과 같은 대형프로젝트를 전문적으로 시공해주는 전문 엔지니어링 업체가 하나 눈에 띄었다. 그 기업이 바로 삼성엔지니어링이었다.

나는 그렇게 삼성엔지니어링을 해외 건설과 중동 플랜트의 최고의 수혜자로 예상하고 투자를 결심했다. 때마침 삼성엔지니어링은 실적 또한 턴어라운드를 하는 시점이었다. 조사를 하는 과정에서 내가 상상할 수 없을 만큼 대단한 회사라는 것을 알고 나도 모르게

• 〈그림35〉 삼성엔지니어링(028050) •

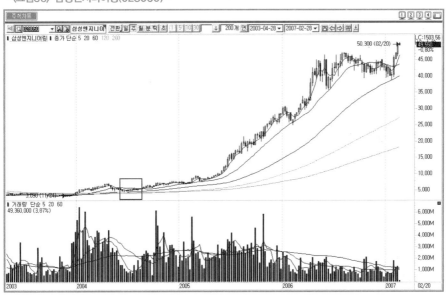

함박웃음을 지으며 그 주식에 승부를 건 것이다. 〈그림35〉는 삼성엔지니어링의 주가추이를 나타낸 것이다.

나는 2004년 여름 5,500원대에 삼성엔지니어링 매수에 가담하였다. 그 이후 삼성엔지니어링에 관심을 가지고 수급과 회사 동향을 자세히 그리고 지속적으로 관찰했다. 그리고 하반기에 추가 매수를 했다. 그 이후 중동의 플랜트 수주는 기하급수적으로 늘어났고 실적도 급격히 턴어라운드 되었다. 그러자 외국인도 점차 지분을 늘려 주가는 매일 신고가를 달렸다.

삼성엔지니어링은 주식투자를 하면서 가장 어렵게 찾아낸 그리고 가장 애정이 많이 간 회사 중의 하나였다. 또한 주식투자를 하면서 내가 찾아 낸 가장 큰 보석이었다. 이처럼 상황이나 이슈에 따라 기업의 기회나 수익은 급격히 변하게 마련이다. 물론 생필품과 같은 소비재는 그러한 것에 큰 영향을 받지 않지만, 대부분의 기업들은 영향을 받게 마련이다. 그래서 기업과 경제를 물과 물고기의 관계라고 표현하는 것이다.

생태학자들은 그 물을 보면 어떤 물고기가 살 수 있는지 안다고 한다. 주식투자자도 이러한 직관을 키우는 훈련을 끊임없이 해야 한다. 물론 그 직관이라는 것은 시장에서 지속적인 투자와 학습을 통해 얻어지게 된다.

땅 한 평 안 사고 부동산 투자를 한다

2006년 우리나라는 부동산으로 큰 열병을 치른 한 해였다.

판교를 비롯한 여러 곳의 뉴타운과 행정도시 이전 등으로 전국의 부동산 가격이 급등해 언론에서는 부동산에 관한 내용이 빠지는 날이 없었다.

그리고 내 주위에도 송도에 가지고 있던 아파트가 2배로 올라 큰 돈을 번 친구가 생겨났다. 난 그 친구를 보면서 한편으로는 부럽기도 했지만 주식투자를 하는 사람으로서 문득 이런 생각이 떠올랐다.

'가지고 있던 부동산으로 돈을 벌면, 분명히 기업 중에도 가지고 있던 부동산으로 돈을 번 기업이 있겠구나.'

나는 그날부터 부동산을 많이 보유한 기업을 물색해 분석하기 시작했다. 그렇게 분석을 하던 중 전국에서 가장 많이 땅값이 오른 곳이 인천 송도라는 것을 알게 되었다. 그래서 송도 부근에 공장을 가지고 있는 회사를 꼼꼼히 살펴보았다. 그리고 부동산 관련 회사를 찾아보기 위해 2006년 8월 주말에 와이프와 함께 송도로 향했다.

그리고 바다를 메운 땅 위로 건물이 올라가는 것을 보며 송도의 무한한 발전이 눈앞에 아른거렸다. 그 전에도 언론이나 신문을 통해 송도의 아파트 가격 상승과 지가 상승에 관한 기사를 많이 접하기는 했었다. 그렇게 송도를 눈으로 직접 확인하고 나서 나는 송도 부근의 공장을 찾아보기 위해 송도해안도로를 다시 몇 번 왔다 갔다 했다. 그렇게 몇 번을 반복한 후 경인방송 뒤에 멈추었는데 문득 기업 간판 하나가 눈에 들어 왔다.

'삼광유리? 아니 저 회사가 여기에 있었나? 어디서 많이 들어본 회산데?'

내가 들어본 회사라는 것은 이미 상장이 되어 있다는 것을 의미했다. 그곳을 몇 번 두리번거리고 난 후 나는 근처의 부동산 중개업소를 방문했다.

"저기요. 말씀 좀 묻겠습니다."

"네, 어서오세요."

"송도에 아파트를 사려고 하는데요. 시세가 어떻게 됩니까?"

"네, 요즘 평당 2천만 원 정도 됩니다."

난 놀라지 않을 수 없었다. 얼마 전까지 분양가가 평당 천만 원 대였는데 이렇게 많이 상승했다니 믿을 수 없었다.

"아, 그래요. 혹시 저기 삼광유리 공장부지 정도면 시가로 얼마나 될까요?"

"아마 땅값만 쳐도 천억 원 정도는 될 텐데요?"

난 부동산 중개업소에서 이것저것 좀 더 물어보고 바로 자리를 떴다. 그리고 경인고속도로를 타고 집까지 단숨에 질주를 했다. 집에 오자마자 삼광유리를 분석하였다. 분석을 하면 할수록 마음에 드는 회사였다.

유리병과 알루미늄 캔을 제조하는 기업으로서 안정적인 사업 비즈니스를 가진 데다 수익성이나 배당 또한 좋은 기업이었다. 그래서 투자를 해보자는 생각에 자산 가치를 분석해봤다. 삼광유리의 시가총액은 600억 원 정도인데 비해 인천공장 부지만 1,000억 원 정도로 아무리 생각해봐도 너무 저평가되어 있었다.

'송도 전체가 꿈틀거리는데 인천공장 부지 땅값은 더 올라가겠다'라는 생각에 난 사업보고서를 꼼꼼히 훑어보았다.

• 〈표6〉 삼광유리(005090)토지 •

(단위:백만원)

사업소	소유형태	소재지	구분	기초 장부가액	3분기증감 증가	감소	3분기 상각	3분기 장부가	비고
인천 공장	자가소유	인천	66.118m²	28,629	–	–	–	28,629	–
천안 유리공장	자가소유	천안	42.444m²	2,887	–	–	–	2,887	–
천안 캔공장	자가소유	천안	46.398m²	3,391	–	–	–	3,391	–
대구 캔공장	자가소유	대구	33.058m²	4,817	–	–	–	4,817	–

〈표6〉에서 보듯이 삼광유리는 다른 공장 부지를 제외하고도 인천공장 부지만 장부가가 280억 원이었다. 그러나 실질적으로 부동산 중개업소에서 물어본 결과 토지만 시가로 1,000억 원 정도에 육박했다. 분석을 하면 할수록 입가에 웃음이 멈추지 않았다. 분석을 하다보니 자산에 또 하나의 보너스가 숨어 있었다.

〈표7〉는 삼광유리의 타법인 출자현황이다. 삼광유리는 비상장 주식을 제외하고 상장되어 있는 회사만 하이트맥주 33만주(시가 180억)와 이테크건설 80만주(시가 90억)를 소유해 최소 270억 원

(단위: 천주, 백만원, %)

구분	계정과목	법인명 또는 종목명	출자목적	기초잔액			증가(감소)내역		기말잔액		
				수량	지분율	장부가액	수량	취득(처분가액)	수량	지분율	장부가액
국내	당좌자산 (매도가능증권)	하이트맥주(주) (상장)	영업거래선 확보	338	1.69%	18,455	–	–	338	1.69%	18,455
	지분법적용 투자주식	이테크건설(주) (코스닥)	경영참여 (계열회사)	960	30.71%	7,176	–	–	860	30.71%	9,726
	지분법적용 투자주식	오덱(주) (비상장)	경영참여 (계열회사)	442	30.00%	21,209	–	–	442	30.00%	22,129
	지분법적용 투자주식	군장에너지(주) (비상장)	경영참여 (계열회사)	–	–	–	2,607	13,036	2,607	36.16%	13,017
해외	투자자산 (매도가능증권)	연길삼광유리 유한공사	투자목적	비준 증서	29.11%	125	–	–	비준 증서	29.11%	125
합계				1,640	–	46,965	2,607	13,036	4,247	–	63,452

정도를 가지고 있었다. 실제 삼광유리는 부동산과 주식을 포함해 자산가치만 따져도 시가총액의 3배 정도가 되는 기업이었던 것이다.

난 그렇게 주말 동안 분석하고 나서 월요일 아침, 그 주식을 매수하기 시작했다. 역시 예상은 맞아 떨어졌다. 그리고 채 몇 달이 지나지 않아 삼광유리가 상대적으로 저평가되었다는 인식이 퍼져 주가는 상승을 하기 시작했다. 〈그림36〉은 삼광유리의 주가추이를 나타낸 것이다.

이처럼 현재 보유한 부동산의 가격 또는 자산가치를 따져보는 것은 대단히 중요하다. 왜냐하면 시가총액에 비해 자산가치가 훨씬 높다면 저평가되어 있음을 의미한다. 그리고 그 자산가치는 조만간 주가에 분명히 반영이 되게 마련이다.

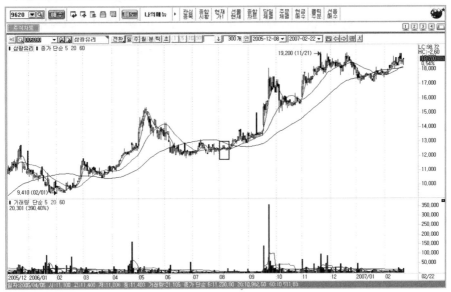

　　이처럼 저평가된 기업을 찾고 싶은 투자자라면 자산이 시가총액
보다 높은 기업을 우선 선정한 후 부동산의 실 거래가를 파악하기
위해 그 부동산이 위치한 인근의 부동산 중개업소에 전화를 하거나
직접 방문해 대략 가격을 알아내 분석을 해볼 필요가 있다.

　　기업이 가진 부동산의 가격 상승이나 보유한 유가증권의 가치
상승은 곧바로 기업의 자산가치 상승으로 이어진다. 그리고 그렇게
자산이 많은 기업들은 신규투자나 M&A와 같은 이슈를 제공할 확
률이 높다.

　　어쨌든 큰 이슈가 되었던 부동산 가격 상승을 주식에 적용해 수

익을 낸 것이다. 옛 속담에 '사촌이 땅을 사면 배 아프다'고 하지만, 나는 땅 한 평 없이도 수익률을 낸 것으로 위안을 삼았다. 그렇게 나는 땅 한 평 사지 않고 부동산 투자를 한 셈이다.

때로는 이슈 뒤에 기다림이 필요하다

기업분석을 하고 나서도 때로는 인내를 갖고 기다릴 필요도 있다. 물론 빠르게 돌아가는 세상에서 기업분석을 해놓고 몇 년간 기다리는 것은 그리 쉽지 않다. 그러나 오래 기다리느냐, 그렇지 못하느냐에 따라 고수와 하수가 나뉜다는 것을 아는가?

9·11 테러 직후 언론은 탄저균과 같이 화학전쟁과 관련한 뉴스를 많이 보도했다. 그러자 한국에서도 화학전쟁이 곧 일어날 것처럼 불안감이 커졌다. 바로 이때였다. 한국유나이티드제약의 주식이 급등하기 시작했다.

하루는 친하게 지내던 형 하나가 한국유나이티드제약의 주식을 3,000원 정도에 산 후 나에게 자문을 구해왔다.

"수민아, 나 큰맘 먹고 주식에 투자를 했다. 한국유나이티드제약이라고 너도 잘 알지?"

"네 들어는 봤는데요. 아직까지 그 회사에 투자한 적이 한 번도 없는데요."

"야, 명색이 주식 좀 한다는 네가 이 회사를 모른다면 말이 되냐?"

• 〈그림37〉 한국유나이티드제약(033270) •

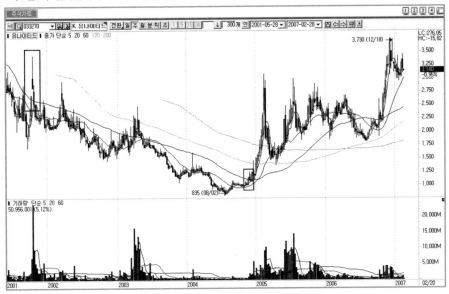

"그러나 상장회사가 수천 개나 되는데 모든 회사를 일일이 다 분석할 수는 없잖아요."

그러자 그 형이 말했다.

"그 회사 잘 될지 안 될지 한번 알아봐주라. 주변에서 하도 화학전쟁이니 뭐니 해서 주가가 올라 덜컥 주식을 샀거든."

너무나 친했던 형의 말이었던지라 차마 거절할 수가 없었다.

"네, 한번 면밀히 분석해보고 알려드릴게요."

〈그림37〉은 한국유나이티드제약의 주가추이를 나타낸 것이다.

이 그림의 왼쪽 네모 박스는 9·11 테러 이후 탄저균 등 화학전쟁의 테마로 인해 한국유나이티드제약이 단기 급등했던 시점이다. 그리고 그 형은 3,000원 정도에 매수하여 손절매도 못하고 자문을 구해왔던 것이다.

그래서 그 회사를 분석해보았는데, 결론은 현재 그 주식에 큰 기대를 걸 수 없다는 것이었다. 주가가 급등한 이유는 단순히 탄저균 때문이었다. 그리고 현재도 투자를 진행하는 단계에 있어 당분간 그 기업의 실적은 좋아지기 힘들었다.

나중에 그 형을 만나 술자리에서 말했다.

"형, 내가 철저하게 분석을 해봤는데 그 회사 주식은 아직 이른 거 같아요."

"그래? 몇 달 정도 기다리면 되겠냐?"

"글쎄요? 이건 몇 달 정도가 아니라 투자가 마무리되고 성과가 나오려면 몇 년은 기다려야 될 것 같은데요."

내가 분석해본 바에 따르면, 몇 년이 지나야 그 회사의 투자가 마무리되고 미국 공장과 베트남 공장이 정상적으로 가동되어 다국적 제약사로 커갈 수 있었다. 제약분야는 대개 선진국에 비해 한국의 기술력이 상당히 떨어지는 것으로 비춰지기도 한다. 하지만 그 회사의 강덕영 사장은 세계적인 제약기업을 만들려는 비전을 가지고 있었다.

그렇게 난 술자리를 마치고 2~3년 뒤를 기약하며 그 회사를 메모해 두었다.

'그래 2~3년 뒤에 이 회사를 잘 봐야겠다.'

그 후 3년이 지난 2004년 한국유나이티드제약은 베트남 공장을 준공하고 본격적으로 가동에 들어갔다. 베트남 공장은 2001년에 착공해 600만 달러 이상을 투자해 대지 3,700평 건평 2,000평 규모로 건립되었다. 이 공장에는 80여 명의 베트남 현지 근로자와 6명의 약사가 근무하고 있었으며 한국유나이티드제약은 이미 300만 달러 가량의 주문을 받아 놓은 상태였다.

종합 비타민제인 홈타민을 비롯해 연간 450만 달러 가량을 베트남에 수출하고 있는 한국유나이티드제약은 향후 생산된 제품을 베트남 현지는 물론 인근 동남아 국가에도 수출할 계획을 세우고 있었다. 뿐만 아니라 한국유나이티드제약은 인삼이 함유된 종합비타민제 홈타민 진생, 홈타민, 위장운동조절 및 진경제 돔페닐 정, 뇌질환 개선제 유세탐 캅셀, 소염 진통제 이브펜탈 정 등 5개 품목의 생산허가를 받은 뒤 제품을 지속적으로 늘려간다는 계획이었다.

그리고 베트남은 인구가 8,000만 명에 달하는 큰 시장이다. 한국유나이티드제약은 이를 염두에 두고 베트남에 생산기지를 설립해 무관세로 제품을 수출할 수 있는 길을 열어놓은 것이었다.

〈표37〉의 오른쪽 네모 박스를 보라. 그 시점이 베트남 공장에 대한 투자가 마무리되고 공장이 정상화된 때다. 그래서 나는 분석을 부탁했던 그 형을 다시 만나 이렇게 이야기했다

"형, 한국유나이티드제약이 이제 투자도 다 마무리되었고 베트남, 미국 공장도 잘 돌아가는 것 같아요. 현재 주가도 바닥부근인 것 같던데 그때 손실을 복구할 수 있는 시점이네요. 그때 손실이 난

만큼 다시 사보세요."

그 형에게 이런 조언을 해주면서 나 또한 한국유나이티드제약에 투자를 했다. 결과는 대성공이었다. 당시 국내 중소 제약회사가 해외에 진출을 한 경우는 전혀 없었다. 한국유나이티드제약이 처음이었다. 그렇게 나는 몇 년 전에 아는 형 때문에 분석을 하여 오랫동안 기다린 끝에 투자를 해 성공한 것이다.

대개 이슈는 주가에 바로 반영되는 경우가 많다. 그러나 그 이슈가 단지 이슈로 끝난다면 투자자는 심각한 손실을 입게 된다. 이슈의 근본적인 원인과 지속성에 대한 파악은 그래서 대단히 중요하다. 그리고 그러한 이슈를 지속시킬 수 있는 기업의 현황파악도 두말할 나위 없다. 때로는 이슈에 따라 기업의 현황을 파악해 실적이 나아지는 시점까지 기다리는 것이 현명한 투자일 때도 있다. 물론 눈앞에 있는 호재들이 아쉽기도 하겠지만, 급히 먹는 밥이 체하는 법이다.

지분양도의 핵심을 읽어라

국제금융 시대이다 보니 최근 사모펀드나 헤지펀드가 국내에 들어와 경영권 분쟁을 일으키는 경우가 있다. 또한 현대자동차나 두산의 경우처럼 형제 사이에 치열한 경영권 분쟁을 하는 경우도 있다. 또한 2세들에게 경영권을 넘겨주기 위해 편법 증여와 같은 행

태도 자행되곤 한다.

그렇다면 이러한 경영권의 변화에 맞춰 우리는 어떤 투자를 해야 하는 것일까? 간단히 말해, 지분구조를 살펴보고 경영권 승계나 지분증여가 막 이루어진 기업을 찾아 투자를 하면 된다.

지분과 관련해 다음을 한번 생각해보라.

기업이 경영권 승계나 지분을 넘길 때는 양도세가 있기 때문에 주가가 낮을 때 하는 것이 보통이다. 그렇게 경영권 승계나 지분양도가 끝나면 주가는 자연스럽게 상승하게 되어 있다. 회사의 경영을 하는 경영자는 언제가 주가가 제일 낮을지 그리고 언제가 회사의 정체상태인지 잘 알고 있을 것이다. 따라서 회사의 주가가 상승하기 직전이나 성장커브를 그리기 직전에 경영권을 승계하고 지분을 양도할 것이다.

이들은 내부자로서 기업의 정보를 누구보다 꿰뚫고 있는 사람들이다. 따라서 이러한 시점에 대한 파악을 명확히 하고 이러한 조치를 취하는 것이다. 투자자들은 이처럼 대주주들의 동향에서도 투자시점을 찾아야 한다. 〈그림38〉은 현대백화점의 주가추이를 나타낸 것이다.

〈그림38〉에서 왼쪽 박스를 보라. 바로 이때가 2003년 3월로, 현대백화점은 지분 1%를 정지선 씨에게 넘겨 그의 지분율이 6.22%로 증가한 지점이다. 그리고 오른쪽 박스를 보라. 그때가 2004년 말로, 현대백화점이 9.58% 지분을 정지선 씨에게 또 넘긴 시점이다. 바로 이때를 기점으로 정지선 씨는 최대 주주로 올라섰고 그때부터

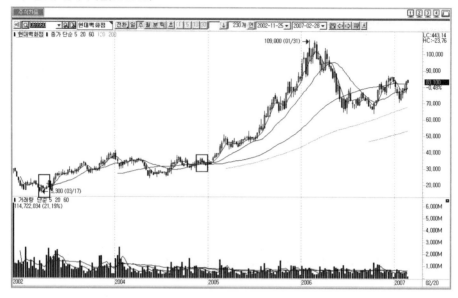

주가는 급상승하기 시작했다.

나는 2003년도 봄 현대백화점이 지분 1%를 증여할 때부터 큰 관심을 가지고 현대백화점을 지켜보았다. 그리고 2004년 말 현대백화점이 9.58%의 지분을 정지선 씨에게 넘겨 그가 최대주주가 되었을 때 난 그 타이밍을 놓치지 않고 투자를 했다. 결과는 대성공이었다.

현대백화점 외에도 많은 기업들이 이처럼 지분증여가 끝난 이후 주가가 상승했다. 따라서 지분증여 이후 주가 움직임을 관찰하고 데이터화하여 투자에 참고하기 바란다. 모든 주식이 그렇지는 않겠지만 대개 지분증여를 하는 시점은 대개 주가가 바닥권에 있을 때다. 경영자들이 경영권을 승계할 때 최소한의 양도세를 내기 위해 이러한 방법을 취하기 때문이다.

반드시 기억해두고 경영권의 향방과 주식증여에 대한 지속적인 관심을 가지기 바란다.

하이닉스의 부활을 보며 LG카드를 기다렸다.

2000년 초 뉴스를 회상할 때 가장 먼저 떠오르는 것 10가지를 꼽으라고 한다면 우리는 무엇을 떠올릴까? 아마 그 중에는 '카드대란'이 절대 빠질 수 없을 것이다. IMF 이후 심각한 소비위축의 타개로 남발된 카드! 그로 인해 생긴 카드빚 때문에 몸을 팔기도 하고 심지어는 자살이나 살인까지 저질러졌던 것을 아마 기억할 것이다. 정부에서 이에 대한 구제 정책을 발표하기도 했지만, 결국 그 답은 자기 자신의 절제였다.

그때 이후 우리나라에도 참 많은 카드사가 생겨났다. 대기업 계열사의 카드사, 금융지주회사의 카드사, 외국 카드사, 그리고 은행과 제휴해 만들어진 카드사까지 그 종류도 무척 다양하다.

"카드사가 왜 이렇게 많지?"

카드를 하나 만들 필요가 있어 이리저리 고민을 하던 중이었다. 생각 이상으로 카드사가 많은데다 약관도 조금씩 달라 골치가 아파

혼자 중얼거렸다. 이런 내 중얼거림에 놀러왔던 친구가 심드렁하게 말했다.

"돈이 되니까 많은 거지. 뭐."

"돈이 된다?"

친구의 말을 듣는 순간, 내 생각은 다시 주식과 연결됐다. 카드 빚 때문에 파산하는 사람이 많다는 것은 다시 말해 그 정도로 카드를 많이 쓴다는 것의 반증이었다. 그리고 내린 결론은 "카드는 돈이 된다"였다. 그래서 2005년 난 중요한 투자 결단을 내렸었다.

2003년 4월을 기억하는가? 그야말로 말도 많고 주식투자자들의 피눈물을 흘리게 한 하이닉스가 감자 이후 다시 상장한 때가 그때다. 그러나 '이거 또 얼마 지나지 않고 개인들 곡소리 나면서 또 감자하겠지'라는 두려움에 투자자들은 하이닉스 주식을 사지 못했다. 나 또한 하이닉스 주식을 살 엄두를 내지 못했다. 그러나 감자 이후 하이닉스는 화려한 부활을 선언하게 되었다. 〈표8〉은 하이닉스의 재무제표를 나타낸 것이다.

〈표8〉에서 확인할 수 있듯이 하이닉스는 2004년 재무적으로나 수익성에서 나무랄 데 없는 확실한 우량주로 변신을 하고 있었다. 그러나 여기에는 나와 있지 않지만 실질적으로는 2003년 3분기부터 그렇게 우량주로의 변신을 감지할 수 있었다. 나는 자신의 고정관념에 대해 반성하지 않을 수 없었다.

'나도 모르는 새 고정관념에 싸여 있었구나. 이런 식으로는 절대 돈을 벌 수 없는데.'

Recent A. 2005. 12	Annual		
Recent Q. 2006. 09	2003. 12	2004. 12	2005. 12
EPS(원)	-4,492	3,805	4,070
BPS(원)	4,165	8,576	12,572
보통주DPS(현금+주식,원)			
발행주식수(보통주, 천주)	443,721	444,866	447,773
PER(배)		3.0	8.67
배당수익률(보통주, 현금, %)			
매출액(억원)	36,204	58,644	57,534
영업이익(억원)	-2,241	18,459	14,300
영업이익률(%)	-6,19	31.48	24.86
당기순이익(억원)	-17,450	16,925	18,174
순이익률(%	-48,20	28.86	31.59
ROA(%)	-21.85	22.33	19.63
ROE(%)	-47.81	46.98	34.01
자본총계(억원)	27,443	44,604	62,278
부채총계(억원)	41,618	27,946	40,376
자본금(억원)	22,362	22,420	22,565

　　모든 사람이 안 될 거라고 말할 때 주식은 된다는 것을 새삼스레 알게 된 것이다. 그렇게 하이닉스를 보면서 이런 것이 바로 주식의 묘미라는 생각도 들었다. 〈그림39〉는 하이닉스의 주가추이를 나타 낸 것이다. 유심히 한번 들여다보기 바란다.

　　이렇게 하이닉스의 부활을 보면서 난 2년 뒤 하이닉스와 유사하 게 모든 주식투자자들을 피눈물을 흘리게 한 LG카드의 부활을 읽

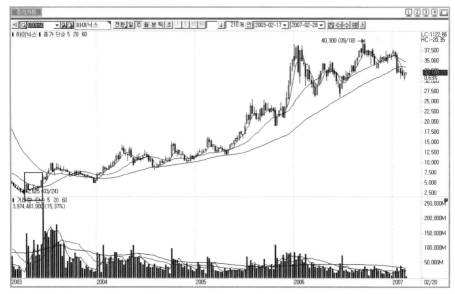

었다. 반도체가 돈이 된다는 것을 카드는 돈이 된다는 것과 연관시
켰던 것이다. 정부차원에서 진행된 공적자금 투여와 채권단의 감자
등이 하이닉스와 너무 유사했다. 〈표9〉는 LG카드의 재무구조를 나
타낸 재무제표다.

　〈표9〉에서 보듯 LG카드는 2005년도부터 확실한 우량주로 변신
하고 있었다. 여기서 나는 고정관념에 싸여 하이닉스의 화려한 부
활을 보면서도 매수조차 생각지 못했던 것을 떠올렸다. 그리고 하
이닉스가 감자를 하고 상장할 때를 반추하며 천만인의 카드인 LG
카드에 과감히 투자했다. 다행히도 LG카드는 하이닉스의 부활과

Recent A. 2005. 12	Annual		
Recent Q. 2006. 09	2003. 12	2004. 12	2005. 12
EPS(원)	−52,753	−364	11,085
BPS(원)	−20,666	−479	14,241
보통주DPS(현금+주식,원)			
발행주식수(보통주, 천주)	157,198	517,118	125,269
PER(배)			4.56
배당수익률(보통주, 현금, %)			
매출액(억원)	43,926	34,323	27,297
영업이익(억원)	−53,347	−8,469	12,484
영업이익률(%)	−121.45	−24.67	45.74
당기순이익(억원)	−55,988	−816	13,631
순이익률(%	−127/46	−2.38	49.93
ROA(%)	−37.09	−0.86	15.86
ROE(%)			
자본총계(억원)	−32,132	−2,177	18,065
부채총계(억원)	139,787	86,151	72,777
자본금(억원)	7,860	25,856	6,268

유사한 패턴을 보였다. 주가는 상승하였고 〈표9〉에서 알 수 있듯이 마침내 재무적으로나 수익성 면에서 우량주로 부활했던 것이다. 〈그림40〉은 LG카드의 주가차트를 나타낸 것이다.

이처럼 난 하이닉스의 경험을 LG카드에 정확히 접목시켰다. 이 것을 보면 주식투자에 있어서 경험이 얼마나 중요한 것인지 알 수 있다. 그렇듯 경험을 토대로 끊임없이 공부하는 투자자는 큰 수익

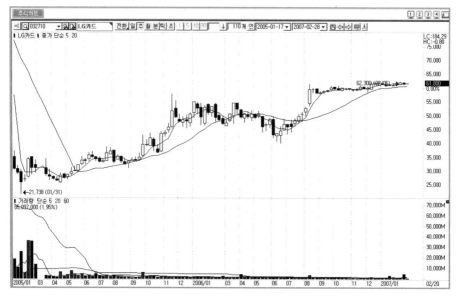

을 창출할 수 있다.

　물론 부실기업으로 낙인찍혔던 기업이 단지 정부의 정책만으로 다시 우량주가 될 수는 없다. 기업 자체의 자구적인 노력이 전제되어야 하는 것은 당연하다. LG카드는 그동안의 부실을 털어내기 위해 직원의 구조조정을 단행했으며, CRM을 도입해 고객 분류를 통한 악성채무 고객을 걸러냈다. 하이닉스도 직원의 구조조정과 사업부분의 매각을 통해 자체의 핵심역량을 집중시켰다. 만약 이러한 기업의 자구적인 노력이 없었다면 회생은 아마 불가능했을 것이다.

이처럼 기업의 이슈들을 반면교사하는 것은 대단히 중요하다. 물론 패턴이라는 것이 정확히 정해진 것은 아니다. 하지만 큰 흐름을 읽다보면 작은 흐름들은 그 속의 잔류일 뿐이다. 투자자라면 그러한 큰 흐름을 읽어내려는 노력을 게을리해서는 안 될 것이다.

8_ 생활 속에
투자의 답이 있다

물류가 투자수익을 배달한다

인터넷이 발달하면서 생활이 여러모로 편해진 듯하다. 인터넷이
가져다 준 편리함은 이루 헤아릴 수 없이 많다. 그 중에서도 대표적
인 것을 꼽으라면 인터넷을 통해 물품을 구입할 수 있다는 것이다.
요즘은 인터넷만 된다면 일일이 매장을 찾아갈 필요도 없이 화면에
서 신청만 하면 된다. 대단히 큰 매력이 아닐 수 없다. 하루하루가
바쁜 현대인에게 있어 TV홈쇼핑이나 인터넷 쇼핑은 이제 생활이
된 셈이다.

"요즘 바빠서 정신을 못 차릴 정도에요."

어느 날 조카가 일이 너무 힘들다며 투정을 부렸다. 취업을 했다

고 들었던 터라 어디에 취직했는지 물어봤더니 물류업체라는 것이었다.

"일이 그렇게 바빠?"

"말도 마세요. 새벽부터 전국에서 물품들이 쏟아져 들어오는데 보기만 해도 기가 막힐 지경이에요. 문제는 물품 배달해주고 돌아와도 물품이 줄지 않는다는 거죠. 정말 아득하다니까요."

그렇게 바쁘다면 물류업체가 돈이 될 것 같았다. 그래서 물류업체를 찾아보기 시작했다. 당시엔 인터넷 쇼핑이 초창기일 때라 물품배송이 폭발적으로 늘던 때였다. 조사를 해보고 주변에 물어보니 인터넷 쇼핑몰과 물류업체는 서로 간에 계약을 통해 물건을 대량으로 취급하고 있었다.

"배달 물품이 끊이지 않는다고 했지?"

조카에게 물어봤더니 진절머리 난다는 표정으로 이렇게 말했다.

"홈쇼핑과 인터넷 쇼핑 때문에 안 그래도 물량이 많은데, 가을이면 쌀, 겨울이면 김장 김치 때문에 주말에도 못 쉬어요."

그래서 나는 물류업체 중에서 관리종목에 있는 대한통운을 샀다. 관리종목에 있는 회사면서도 지분구조를 보니 특별하게 주인이 있는 회사가 아니었다. 원래는 동아건설의 자회사였지만 그 당시는 모회사의 부도로 인해 채무상환의 어려움에 빠져 있던 상황이었다.

'이처럼 물류가 돈이 돈다면 어떤 회사라도 대한통운에 군침을 흘리겠군.'

한편으로는 물류산업이 성장함에 따라 대한통운 또한 살아나 관

리종목을 탈피할 수 있을 것이라고 판단되었다. 〈그림41〉은 대한통
운의 주가추이를 나타낸 것이다.

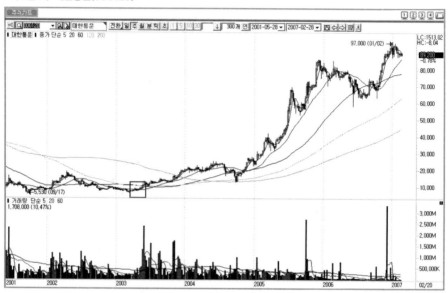

그렇게 2003년에 난 물류업체에 근무하는 조카에게서 아이디어
를 얻어 대한통운에 투자를 했다. 시간이 흐르자 주가가 조금씩 상
승했다. 그리고 얼마 후 실제로 대한통운에 대한 인수건이 언론에
서서히 흘러나왔다. 당연히 그 호재에 주가는 탄력을 받기 시작했
다. 아울러 대한통운의 성장을 보자 기업들이 물류사업 진출을 선
언했다. 그만큼 물류사업이 돈이 된다는 증거였다. 그 이후 나는 적

극적으로 물류회사를 공부하기 시작했다.

"또, 어딜 가는 거예요?"

"물류회사에 볼 일이 있어서."

"물건 부칠 거라도 있는 거예요?"

전화로 연락하면 된다는 아내의 말에 쓴웃음을 짓고는 기업방문을 간다고 답했다. 그냥 아는 것과 확실히 아는 것의 차이는 크다. 나는 물류업체 사람에게 직접 현황을 듣고자 했던 것이다. 일전에 전화통화를 했던 물류회사의 부장과 약속을 해놓았던 상황이었다.

"요즘 이 업계에 큰 변화가 있다고 들었습니다."

"네, 업계는 지금 M&A를 통해 급격히 대형화 되어가고 있습니다."

업계의 M&A에 대한 이야기로 대화의 물꼬를 튼 나는 그동안 궁금했던 것을 묻기 시작했다. 그 중 하나가 '왜 다른 그룹들이 물류회사를 인수하는가?' 하는 것이었다.

"한국의 물류비가 전체의 몇 프로나 되는지 아십니까?"

"잘 모르는데요. 그게 M&A와 관계가 있는 겁니까?"

부장은 고개를 끄덕이며 말했다.

"선진국은 물류비가 매출의 2~3%이지만, 우리나라는 무려 매출의 10%나 됩니다."

"10%나 되나요?"

매출의 10%라는 것에 나는 놀라지 않을 수 없었다. 너무나 많은 돈이 물류비로 지출되고 있었다.

"굉장한 수치네요"

좀 더 이야기를 해보니 1자 물류는 자기 회사 차량을 이용해 운반하는데다 왕복을 하기 때문에 갈 때는 물건을 싣고 가지만 올 때는 빈차로 와야 했다. 따라서 유류비와 시간 낭비가 커 경쟁력이 떨어지는데다, 2자 물류는 자회사를 만들어 밀어주기를 하다보니 투명하지 못하다고 했다. 그래서 정부차원에서는 비용을 절감하고 투명성과 효율성을 높이기 위해 제3자 물류법을 시행하려 한다고 했다.

"해외처럼 전문적인 물류회사를 만들려는 것이죠. 잘 아시겠지만 페덱스Fedex나 DHL이 바로 그런 기업입니다. 우리나라도 물류의 효율성을 높이고 경쟁력이 있는 기업을 만들기 위해 제3자 물류법을 조만간 시행하려고 하는 겁니다."

"아, 그렇습니까?"

그 말을 통해 제3자 물류로 가는 것이 당연한 순리라는 것을 자연스럽게 알아낼 수 있었다.

"결국 인수하려는 회사들은 장기적인 시점으로 보는 거군요."

"그런 셈이죠. 어차피 물류도 이제는 전문기업에 맡기는 제3자 물류가 대세니까요. 아무튼 업계는 성장하기 위해 인수를 해야 하고 그에 따른 상당한 출혈을 해야겠지만, 그것은 막을 수 없는 대세입니다."

그렇게 그 부장님과 이야기를 나누고 난 후 난 제3자 물류에서 가장 경쟁력이 있는 회사를 찾았다. 그리고 그렇게 해서 찾아낸 기업이 바로 한진이었다. 난 한진의 재무 분석을 하고 나서 직접 찾아가 업계 동향과 기업 비전 등 많은 것을 들을 수 있었다. 이미 한진은 오래전부터 대한항공과 한진해운, 한진택배 등 종합 물류업체로서의 역사를 가진 기업이었다. 그리고 향후 이러한 기업의 비전을 좀 더 구체화할 계획을 차근차근 밟고 있었다. 〈그림42〉는 한진의 주가추이를 나타낸 것이다.

• 〈그림42〉 한진(002320) •

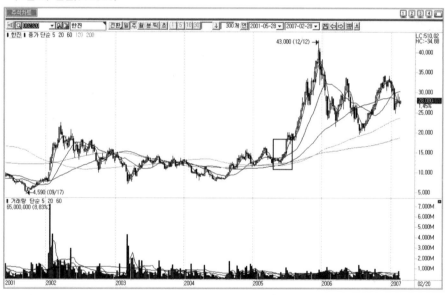

위의 그림에서 네모 박스가 있을 것이다. 그때가 내가 한진에 투자를 한 시점이다. 이처럼 우리 주변엔 수없이 많은 투자 아이디어들이 존재한다. 투자는 숫자를 읽는 것만이 전부는 아니다. 어쩌면 투자란 아주 우리 가까이에 있는지도 모른다. 하지만 이러한 것을 읽어내는 사람은 그리 많지 않다. 작은 것도 가벼이 여기지 않는 관찰력과 생활을 투자와 연동시킬 수 있는 연상능력이 필요하기 때문이다. 투자자라면 반드시 키워내야 할 능력이다.

돈이 되는 건 소모품이다

차를 정비할 일이 있어서 카센터에 갔을 때다. 정비공에게 차를 맡기고는 갑갑해서 어디가 문제가 있는지에 대해서 물었다.

"브레이크를 교체하셔야겠네요. 생각보다 많이 마모되었는데요."

정비공의 말에 쓴웃음을 지을 수밖에 없었다. 중고차로 산 지 기껏해야 2주일 정도밖에 되지 않았으니까 말이다. 싼 게 비지떡이라는 말이 전혀 틀리지 않았다. 그리고 속으로 브레이크를 교체하는 비용이 얼마나 되는지 알음하고는 다시 물었다.

"기왕 교체해야 하는 거라면 어쩔 수 없죠. 어느 회사 것이 좋아요?"

정비공은 잠시 생각하더니 이내 말을 이었다.

"상신 브레이크라고 아세요?"

"상신 브레이크요?"

"중소업체이긴 하지만 제품은 정말 괜찮아요."

나는 그런 것은 대기업에서 만드는 것으로 알았다. 한편으로는 브레이크와 같이 생명과 관련되어 있는 제품을 그런 중소업체가 만들 수 있는 것인지 의아했다. 하지만 정비공의 추천에 '그 회사가 기술력은 있는 모양이네'라는 생각도 들었다.

차량을 정비한 후 집으로 돌아오면서 라디오를 틀었다. 마침 상신 브레이크에 대한 광고가 흘러나오고 있었다.

"자동차 쪽은 어떨까?"

그때까지 나는 자동차 쪽에 투자를 해본 적이 없었다. '이왕 이렇게 자동차를 산 김에 자동차에 관련된 회사를 조사해 투자해보는 것은 어떨까?'라는 생각이 문득 들었던 것이다. 집으로 돌아오자마자 먼저 현대, 기아 등 대기업의 주식을 먼저 살피기 시작했다. 그런 다음 자동차 부품회사 쪽을 살펴보았다.

"괜찮은데?"

상신 브레이크를 살펴보다 나도 모르게 중얼거렸다. 예상 외로 튼실한 기업들이었다. 그리고 상장 이후 제대로 된 시세가 한 번도 없었다. 게다가 현재 주가가 1,000원인데 배당이 90원으로 배당수익률만 봐도 연 9%였다. 거의 은행금리의 세 배였다. 더욱이 자동차 판매량도 지속적으로 상승하고 있었다. 또한 브레이크 라이닝은 수명이 되면 갈아주는 소모품이었다.

'돈이 되는 건 역시 소모품 쪽이지.'

자동차 완성업체보다는 오히려 부품과 소모품 쪽이 낫겠다는 생각이 들었던 것이다. 그런 회사 중에서도 상신 브레이크는 자체의 기술력과 인지도를 가지고 있었기 때문에 꾸준한 판매를 예측할 수 있었다.

그래서 나는 2005년 1월 투자 결정을 했다. 대신 배당과 기술력 그리고 소모품이라는 것을 고려해 중기투자로 접근했다. 그리고 이런 나의 생각이 틀리지 않다는 것을 보여주듯, 완성차 업체들의 주가는 떨어져도 상신 브레이크의 주가는 떨어지지 않았다. 그 이후 난 중소기업이지만, 고유의 기술력과 경쟁력을 가진 기업이라면 투자가치가 있다는 것을 알게 되었다. 튼실하고 자신만의 특색을 가진 중소기업의 주식은 결코 배반을 하지 않기 때문이었다. 〈그림43〉은

• 〈그림43〉 상신 브레이크(041650) •

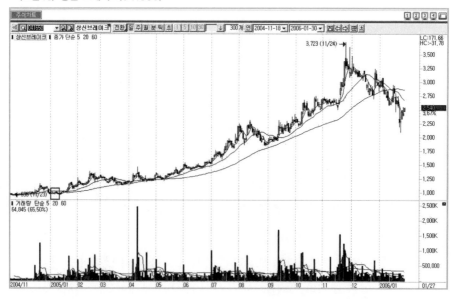

상신 브레이크의 주가추이를 나타낸 것이다.

그렇다면 주식투자에 있어서 왜 소모품이 돈이 되는 것일까? 소모품은 주기적으로 꾸준한 매출이 발생한다. 주식투자를 하면서 '왜 반도체 장비는 오래가지 못할까?'라고 생각해 본 적이 있는가? 장비를 제공하면 AS만 있을 뿐 단발성으로 끝나기 때문이다.

대표적인 소모품으로 생필품이나 A4용지를 들 수 있다. 우리가 매일 먹는 라면이나 과자 혹은 치약, 휴지와 같은 제품이 거기에 속한다. 워렌 버핏도 소모품 분야에 많은 투자를 했던 것을 기억할 것이다. 그러나 이러한 소모품과 관련된 기업에 투자할 때는 반드시 시장 점유율을 보아야 한다. 그리고 그 시장 점유율은 통계를 보기 이전에 우리 생활에서도 충분히 얻어낼 수 있다.

역발상은 투자의 달인이 되는 지름길

갈수록 출산율이 낮아진다고 난리법석이다. 한때 한 가정 한 자녀 낳기를 장려했다는 것을 생각해보면 세상이 변해도 너무 많이 변한 것 같다. 물론 요즘 젊은 여성들의 사고방식이 과거와는 달리 더 진취적이고 도전적으로 변한 건 사실이다.

예전에 여성들은 나이가 차면 결혼을 해야 한다는 강박관념에 사로잡혀 있었다. 하지만 이제 대부분의 여성들은 그런 낡은 관념에 얽매이지 않는다. 최근의 여성들은 삶에서 사회생활을 중시한다. 자연스레 출산을 기피하게 된 것이다. 이로 인해 출산율은 가파르게 떨어졌다. 그리고 이제는 출산 장려금까지 주는 시대가 되었다.

"여보, 우리도 출산 장려금이나 타볼까?"

인라인 스케이트를 즐기고 집에 도착했을 때다.

"아니, 나도 직장이 있는데 아기를 가지면 어떻게 해요."

"그렇기야 하지만, 더 나이가 들기 전에 아기를 갖는 게 임산부에게나 아기에게나 좋다는데. 내 일도 어느 정도 기반이 잡혔으니까 이제 계획을 잡아볼 때도 되지 않았을까?"

냉수를 들이키며 말했다.

"전에 동창회 때 봤던 아기 세 명 낳아 기르는 친구 기억나?"

"아, 네. 아기를 안고 왔었잖아요."

"그래. 그 친구가 요번에 또 아기를 낳았다네."

"네? 그럼 아기가 넷이나 되네요. 어휴 참. 어떻게 넷이나 낳아 기르지."

우리는 서로를 쳐다보며 웃음을 지었다.

"그나저나 젊은 사람들이 아기를 안 가지면 육아용품 회사는 울상이겠군."

"아니, 꼭 그런 것만도 아니에요. 내 친구 중에 일찍 결혼한 친구 말로는 요즘 가정에서는 값비싼 육아용품을 사서 쓴대요. 옛날에 자녀가 많았을 때는 값싼 제품을 사서 형제들이 물려 쓰는 게 보통이었잖아요. 그런데 요즘은 안 그렇대요. 한 자녀만 기르니까 기저귀나 옷 그리고 먹는 것을 다 최고급 제품으로 쓴대요. 그러니까 육아비용이 결코 만만치 않게 된 거죠."

나는 아내의 말을 들으면서 무릎을 탁 쳤다.

"정말 그러겠네. 출산율이 떨어지면 육아용품 기업들의 판매량
이 떨어지겠지만 대신 고급제품으로 커버를 하겠네. 전에는 박리다
매로 제품을 팔았다면 이제는 고급화 전략으로 판다는 거군."

실제로 조사를 해보니, 육아용품 기업들은 고급화 전략을 내세우
고 있었다. 그렇게 해서 저출산 시대에도 높은 매출을 기록하고 있
었다. 생활수준의 향상과 우리나라 특유의 자식사랑이 결합해 유아
용품 기업들의 수익률은 오히려 증가하고 있었다. 아가방이 바로

• 〈그림44〉 아가방(013990) •

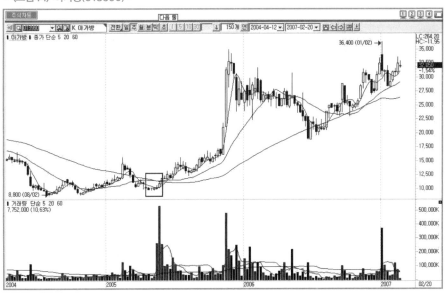

그 대표적인 기업이다. 〈그림44〉는 아가방의 주가추이를 분석한 것이다.

네모 박스인 시점에 난 그렇게 아가방을 분석하고 방문해 투자했다. 방문을 했을 때 브랜드가 아가방 하나뿐인 줄 알았던 나는 놀라지 않을 수 없었다. 에뜨와, 엘르뿌뽕, 베이직엘르, 티어베이비 등 중저가 브랜드부터 아주 고가의 브랜드까지 라인업을 모두 구축하고 있었던 것이다. 이미 유아전문 의류업체로서 탄탄한 브랜드와 시장 차별화된 접근을 하고 있었던 것이다.

이외에도 나는 고정관념에서 벗어난 투자로 높은 수익을 거둔 경우가 많다. 한때 유가가 사상 최고를 기록하자 대한항공이 찬밥으로 전락한 적이 있었다. 유가가 사상 최고치를 경신하자 항공사의 수익성이 나빠질 것이라며 투자자들은 거들떠보지도 않았던 것이다. 그때 나는 상황을 다르게 지켜보았다.

오히려 항공화물 수요가 증가하고, 해외여행은 증가했다. 그래서 유가가 사상 최고치임에도 불구하고 대한항공의 수익성이 그렇게 떨어지지 않았던 것이다. 아울러 원화강세로 인해 항공기를 구입할 때의 부채가 상당히 줄어드는 것도 알게 되었다. 〈그림45〉는 대한항공의 주가추이를 나타낸 것이다.

나는 2005년 10월에 2만 원대에 대한항공의 주식을 매수하였다. 때마침 유가상승에 따른 유류할증제 도입으로 주가는 더욱 탄력을 받았다.

또 다른 역발상의 투자의 예를 한번 들어보겠다. 2005년 하반기,

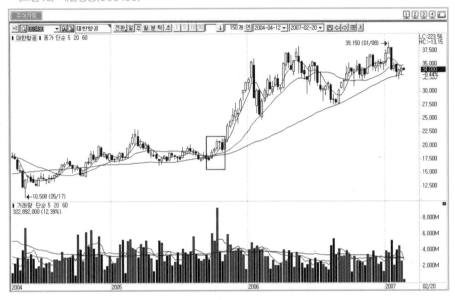

불경기로 인해 청년실업률이 최고치를 달리고 있었다. 모두가 불경기라고 아우성이었고, 임시직과 구조조정이 기업의 지속적인 화두로 등장했다. 그러나 이런 상황에서도 채용을 늘리고 있는 기업은 분명히 존재했다. 은행, 증권회사, 제2 금융권과 같은 금융 업종이었다.

'이런 기업체는 분명 뚜렷한 비전을 바탕으로 채용을 늘리는 것이 확실하다. 금융 업종의 실적이 상당히 좋은 모양이다.'

그리고 금융업종에 대한 조사를 하기 시작했다. 그 결과 은행의 실적들이 대단히 좋은 데다 M&A에 대한 기대치가 높다는 것을 알게 되었다. 게다가 실적 예상치도 상당히 높았다. 그래서 2005년 하반기에 모든 은행들의 IR을 다 참석했다. 그때 난 거의 증권거래소에 살다시피 했다. 그렇게 모든 은행의 IR을 참석하고 나서 나는 곰곰이 생각에 잠겼다. 은행들의 지분율을 보니 다들 외국인들의 지분이 높았던 것이다. 국내 토종은행이라기보다는 외국은행의 지사라 해도 결코 과언이 아니었다.

'외국인이 결국에는 돈을 벌어 다 챙겨가는군.'

외국인 지분이 많이 올라가 있다는 것은 그만큼 주가가 상승해 있을 확률이 높았다. 게다가 '정부입장에서 보자면 외국인의 지분이 많은 회사보다는 정부의 지분이 많은 은행에 내가 모르는 혜택

• 〈그림46〉 우리금융(053000) •

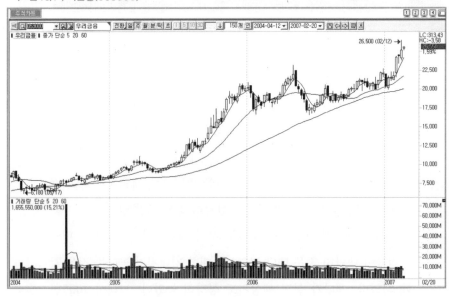

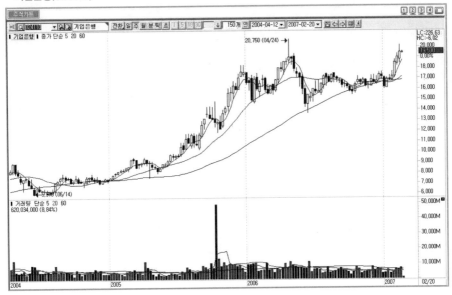

을 좀 더 주지 않을까?'라는 판단이 들었다. 그래서 정부의 지분율이 높고 외국인 지분이 상대적으로 낮은 은행주를 선택했다. 그렇게 선택한 것이 바로 우리은행과 기업은행이었다. 〈그림46〉과 〈그림47〉은 우리은행과 기업은행의 주가추이를 나타낸 것이다.

이와 함께 제2 금융권에도 투자를 했다. 그리고 선택한 기업은 지방 저축은행을 인수하며 점포수를 늘려 영역을 확장해나가면서도 채용을 계속 늘리고 있는 솔로몬 저축은행이었다. 〈그림48〉은 솔로몬 저축은행의 주가추이를 나타낸 것이다.

"위기는 곧 기회다"라는 말을 들어본 적이 있을 것이다. 이것은

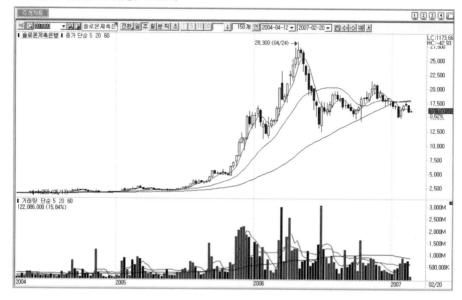

투자에 있어서도 들어맞는 말이다. 앞에서 "신문의 자간을 보라"는
이야기를 했지만, 투자에도 자간은 존재한다. 불황이라고 아우성을
치면서 있는 직원도 내팽개치는 판에 고용을 하는 기업을 당신은
어떻게 바라보고 있는가? 시대조류에 부합하지 않는 행동을 하는
기업이라고 외면하고 있지는 않은가? 그러한 결정의 자간을 읽어
낼 수 있는 투자자라면, 그 투자자야말로 '투자의 달인'이라는 영역
에 도달한 사람이다.

아들이 회사를 찾아주기도 한다

우리 아들이 제 엄마 뱃속에 있을 때였다.

"자기야! 나 입덧이 너무 심한데 먹고 싶은 게 있어."

그 말을 들었을 때 남편들의 마음이야 세상에 무엇인들 못해 주겠는가?

"그래? 뭐 먹고 싶은데. 내가 다 사줄게."

"응, 빵이 먹고 싶어."

"웬 빵? 그래, 알았어. 금방 사올게."

"근데, 그냥 빵 말구. 뚜레쥬르에서 파는 머핀이 먹고 싶어."

"그래, 알았어. 이 근처에 뚜레쥬르가 있나 모르겠네."

번개같이 신발을 주섬주섬 신고 나서 나는 뚜레쥬르 간판을 찾아 이곳저곳을 찾아다녔다.

그리고 겨우 뚜레주루 제과점을 찾아 빵을 아내에게 가져다주면서 "아무 제과점 빵이나 먹으면 되지. 왜 뚜레쥬루야?"라고 푸념을 늘어놓았다. 기억을 해보니 당시 유명 연예인인 이현우가 아기랑 함께 나와 "매일 구운빵……"이라고 했던 제과점이 바로 뚜레쥬르였다. 크라운 베이커리에 맞서 적극적으로 점포확장을 해나가는 중이었다. 그리고 속으로 이렇게 되뇌었다.

'음, 나중에 시간 날 때 자세히 조사를 한번 해봐야겠군.'

그렇게 며칠이 지나고 나서 주말이 되어 아내와 외식을 하기로 했다.

"오늘 오랜만에 외식하는데 우리 아기가 뭐 먹고 싶대?"

아내는 빕스에 가서 립을 먹고 싶다고 피력했다.

"그래, 알았어."

그러나 우리가 빕스에 도착했을 때, 주말이라 그런지 까마득한 인파가 늘어서 있었다.

"얼마나 기다려야 되나요?"라고 직원에게 물었다. 그러자 직원이 1시간 정도 기다려야 한다고 전해왔다. 홀몸도 아닌데 1시간씩 기다려야 하는 아내가 안타까워 다른 곳으로 가자고 했지만, 다른 패밀리 레스토랑도 마찬가지라는 것이었다. 결국 그렇게 난 1시간을 기다려 외식을 했다.

주위를 둘러보며 '이것을 먹으려고 저 사람들이 1시간이나 기다린 것인가?'와 함께 '야, 패밀리 레스토랑도 돈이 되겠네'라는 생각이 동시에 들었다.

외식을 마치고 집에 오자마자 나는 인터넷을 뒤지기 시작했다. 우선 뚜레쥬르를 찾아보았다.

'아, CJ푸드빌에서 사업을 하네!'

그리고 패밀리 레스토랑을 조사하기 시작했다. CJ푸드빌에서는 빕스와 스카이락 등을 운영하고, 신세계푸드에서는 까르네스테이션을 운영하고 있었다.

'음, 패밀리 레스토랑 시장이 급격히 성장하고 있구나.'

그런데 좀 더 조사를 해보니 신세계푸드는 외식사업 뿐만 아니라 급식사업과 식자재 유통사업 등 생각했던 것 이상의 사업영역을 누리고 있었다. '그래, 신세계푸드에 한번 투자를 해봐도 괜찮겠는데'라는 생각이 들었다.

그러나 CJ푸드빌은 비상장이었고, CJ에서 지분을 가지고 있던 상황이었다. '그럼 CJ에서도 급식사업을 하는데 어디에서 할까' 하고 알아보았다. CJ푸드시스템에서 하고 있었다.

'그래, 급식사업도 좀 더 알아봐야겠다.'

내가 대학을 다닐 때 학교식당을 CJ푸드시스템에서 운영한 것이 기억났다. 바로 그 다음날 모교를 찾아가서 확인한 결과 CJ푸드시스템에서 운영을 한 것이 맞았다.

그날 밤 난 지방에 사는 조카에게 전화를 걸었다.

"창호야, 너희 학교도 급식을 하니?"

"네, 하는데요."

"그래? 어느 회사에서 하는데?"

"그건 잘 모르겠는데요. 하여튼 요즘에는 예전처럼 도시락 안 가지고 가고 다 급식을 해요."

그랬다. 우리가 어렸을 적에는 도시락을 싸가지고 학교에 갔지만, 지금은 시대가 변해 급식을 했던 것이다. 특히 비위생적이고 식중독 등 안전에 신경을 써야 했기 때문에 자체적으로 급식을 하는 것보다는 편리하고 믿을 수 있는 급식업체에 위탁하는 것이 대세였다.

'그래, 패밀리 레스토랑과 급식업체, 외식사업에 관심을 가지고 투자를 해보자.'

그렇게 하여 난 비상장이었던 CJ푸드빌에는 투자를 하지 못하고

• 〈그림49〉 신세계푸드(031440) •

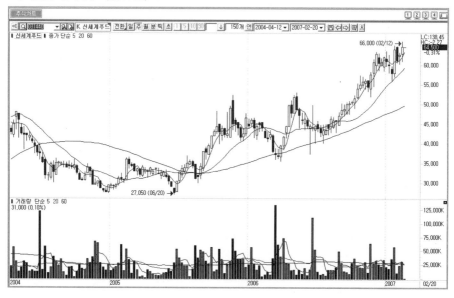

신세계푸드와 CJ푸드시스템에 투자하여 수익을 거두었다. 그렇게 큰 수익은 아니었지만, 아들이 찾아준 주식으로 수익을 낸 것에 만족했다. 〈그림49〉와 〈그림50〉은 신세계푸드와 CJ푸드시스템의 주가추이를 나타낸 것이다.

　이처럼 주식투자는 우리의 생활과 아주 가까이에 있다. 아내나 자식과 많은 이야기를 나눠보라. 특히 자식을 가진 부모라면 자식과 많은 시간을 보내보라. 지금 아이들의 생활은 우리가 성장했을 때와는 판이하다. 아이들과 대화하다 그들의 관심사에서 투자의 아이디어가 얻어지기도 한다. 마찬가지로 아내와 이야기를 나누다가

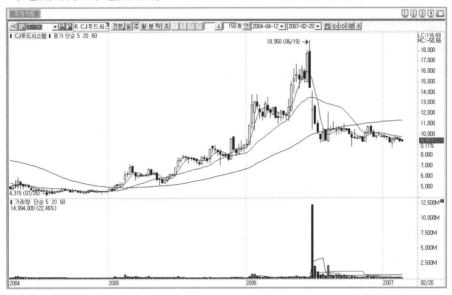

투자의 아이디어가 생기기도 한다.

투자는 생활이다. 생활 속에서 얻어지는 투자의 아이디어를 바탕으로 지속적인 기업조사와 분석만 뒷받침이 되어도 투자자로서 치명적 실패는 피해갈 수 있을 것이다.

돌아보면 콩고물이 있다

신세계의 성장을 보면서 주식을 하는 사람들은 누구나 "저, 주식

정말 대단하다"고 입을 모으곤 한다. 나 또한 마찬가지다. 그리고 주식하는 사람들이 모인 자리에서 빠지지 않는 이야기 중의 하나가 신세계다.

그렇게 성장하는 것을 보면서도 난 정작 그 주식에 투자를 해본 적이 없다. 왜냐하면 난 남들이 모를 때, 즉 사공이 별로 없을 때 주식을 사는 스타일이기 때문이다. 남들이 다 알고 너도나도 그 주식에 대해서 이야기를 하면 '그것은 내 몫이 아니다'라고 생각하는 것이다. 하지만 신세계는 그렇게 사공이 많은데도 여전히 성장을 하고 주가 또한 지금까지 계속 상승하고 있다.

- 1층에 여성전용 주차장
- 고급화 전략으로 만들어진 명품관
- 스타벅스의 국내 런칭 성공
- 할인매장 이마트 런칭과 성공
- 농수산물 위주의 한국형 마트 운영

이런저런 술자리에서 신세계에 대해 이처럼 많은 이슈와 이야기거리가 나오면 투자를 하는 나로서도 촉수가 당기게 마련이다. 그러던 어느 날 문득 투자모임에서 머리에 스치는 것이 있었다.

'신세계가 그렇게 성장하는데 옆에서 콩고물이라도 얻어먹어야겠다.'

신세계의 성장을 보고 분석하면서 그 성장으로 수혜를 얻는 회사가 있으리라 생각한 것이다.

'그래, 가장 크게 수혜를 보는 것이 바로 계열사지!'

나는 곧바로 신세계의 계열사를 분석했다. 그렇게 분석한 결과 신세계백화점과 이마트의 점포수가 늘어남에 따라 건물을 짓는 신세계건설과 시스템을 관리해주는 신세계I&C가 눈에 띄었다. 그리고 '그래, 콩고물이 바로 이거구나'라고 생각하고 이 두 회사에 투자를 결정했다. 〈그림51〉과 〈그림52〉는 신계계건설과 신세계I&C의 주가추이를 나타낸 것이다.

• 〈그림51〉 신세계건설(034300) •

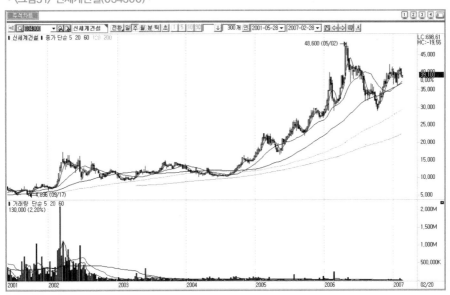

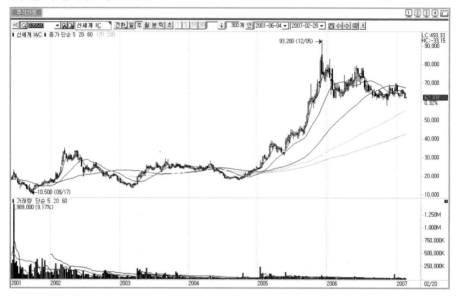

우리나라의 산업구조 상 대기업의 규모와 역할은 여전히 크고 강대하다. 그리고 실제 블루칩이라고 하는 기업의 대부분은 대기업이다. 그러나 그들의 주가는 그만큼 높다. 투자의 매력도 측면에서 정확한 답을 내리기도 쉽지 않다. 그럴 때 우회적인 투자를 해보는 것도 방법이다. 그것이 바로 계열사 투자다.

이는 대기업의 지분구조나 사업분야와 밀접한 관련을 가지고 투자하는 방법이다. 따라서 모기업의 사업전략과 비전을 파악하는 것이 중요하다. 왜냐하면 모기업의 사업전망에 따른 수혜자로서 존재가치가 현저히 크기 때문이다. 물론 일정 기간이 지나 자체로 사업

운영과 영업이 가능하다면 성장 가능성이 좀 더 높아질 수는 있다. 그래서 사업의 독립성과 자립도 분석이 여기엔 필수가 된다.

전시회를 주목하라

나는 주말이면 전시회와 박람회를 자주 찾는다. 아내와 연애시절 데이트 할 때도 코엑스나 킨텍스를 자주 찾곤 했었다. 평소에도 시간만 나면 전시회나 박람회를 찾아다니곤 한다. 그렇게 전시회나 박람회를 자주 찾는 이유는 다름이 아니라 최근 경제와 사회의 흐름을 한눈에 포착할 수 있기 때문이다. 물론 따로 미팅을 하러 가거나 특별한 목적을 가지고 가기도 하지만 대부분은 그냥 발길이 가는대로 찾아간다.

그리고 그곳에서 사람들이 많이 모여 있는 곳을 유심히 살펴보면 최근 어떤 것이 트렌드로 떠오르고 있는지를 알 수 있다. 그래서 가능하면 나는 컴퓨터에 앉아 있는 것보다는 전시회나 전람회 등을 찾아다니면서 투자할 만한 기업을 찾는다. 이때 나는 반드시 디지털카메라로 이제 막 트렌드로 떠오르기 시작한 제품이나 개발한 기업을 사진에 담아 놓는다.

언젠가 킨텍스에서 기계설비 전람회를 했을 때의 일이다. 세계 여러 국가마다 부스에 다양한 물건과 기계를 전시해놓고 홍보하고 있었다. 원래 나는 공고 출신이기 때문에 기계에 대해 아는 것이 많고 또 관심이 많은 편이다.

그래서 "이것 이름이 뭔가요?" 혹은 "이것은 어떤 용도죠?"라고 꼬치꼬치 묻곤 한다. 그리고 이렇게 이것저것 묻고 나서 디지털카메라로 한 장 한 장 사진에 담는다. 그날도 그렇게 유유자적하면서 부스를 유심히 살펴보고 있었다. 그러고 나서 구석 쪽으로 갔을 때다. 내 눈에 익은 기계들이 눈길을 끌었다.

"어, 이게 우리나라 것인가요?"

그러자 회사 관계자가 살짝 웃으며 말했다.

"여기는 한국 부스라는 거 잘 아시잖아요."

나는 깜짝 놀랐다. 내가 공고를 다닐 때만 하더라도 이런 공작 기계는 국내 제작이 불가능해 일본이나 독일제를 주로 사용했었다. 놀라움에 입을 다물지 못하고 기계를 손으로 만져보았다.

'와 대단하다. 아주 정교하게 만들어졌네.'

직감적으로 이 정도 기술력이면 세계에 내놓아도 손색이 없을 거라는 판단이 들었다.

다음 날 난 중소기업을 다니는 친구에게 전화를 걸었다. 어제 본 기계를 설명하며 혹시 아느냐고 물어보았다. 그랬더니 친구가 이렇게 답했다.

"요즘은 공작기계가 거의 한국 제품이야. 우리 고등학교 다닐 때 생각하면 안 돼. 예전의 한국이 아니야."

나는 수화기를 내려놓자마자 공작기계 관련 업체를 조사했다. 두산 인프라코어, 위아, 화천기공 등이 수주액에서 최고 수치를 달리

고 있었다. 그와 관련된 회사인 와이지원, 대구텍까지 조사를 한 후
나는 다시 중소기업을 다니는 그 친구와 통화를 했다.

"공작기계 산업이 몰라보게 발전했더라. 너는 어디가 제일 좋다
고 보니?"

"국내에서는 화천과 위아의 기술력이 최고야. 그리고 해외에서
는 두산을 알아줄 거야. 수민아 너 프레스 기계는 잘 모르지? 그것
도 한번 조사해봐라. 우리 회사 프레스 기계가 모두 쌍용정공(현
simpac) 것인데, 아주 독보적이야."

이렇게 나는 친구로부터 귀한 정보를 얻을 수 있었다. 그 이후

• 〈그림53〉 두산인프라코어(042670)) •

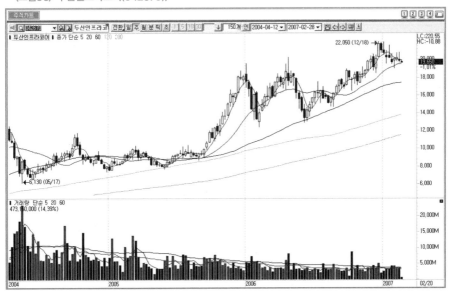

나는 고등학교 때를 회상하며 기계업종 전체를 공부하기 시작했다. 그리고 공단을 직접 찾아가 시장조사도 했으며, 친구와 함께 직접 공장을 운영하는 사장님들도 만났다. 그렇게 해서 공작기계와 중장비에 강점이 있는 두산인프라코어에 투자를 했다. 〈그림54〉는 두산인프라코어의 주가추이를 나타낸 것이다.

그리고 공작기계 부문에서 전통과 기술력을 보유한 화천기계에도 투자를 했다. 〈그림54〉는 화천기공의 주가추이를 나타낸 것이다.

• 〈그림54〉 화천기공(000850) •

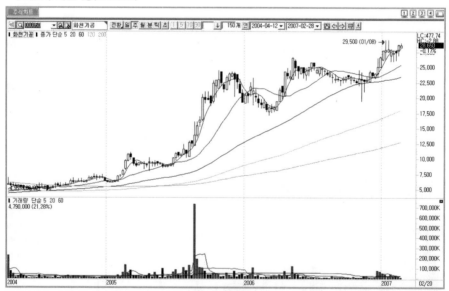

이와 함께 프레스 기계에 독보적인 회사로 정평이 나 있던 쌍용
정공(현 simpac)에도 투자를 결정했다. 〈그림55〉는 쌍용정공(현
simpac)의 주가추이를 나타낸 것이다.

• 〈그림55〉 SIMPAC(009160) •

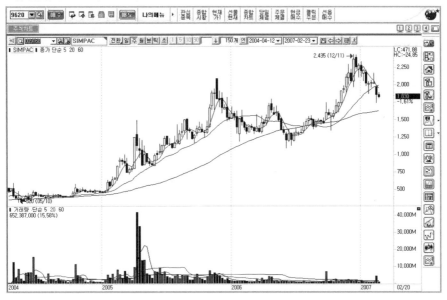

아울러 공작기계에 사용되는 소모품 엔드밀을 만드는 와이지원
에 투자를 결정했다. 〈그림56〉은 와이지원의 주가추이를 나타낸 것
이다.

이처럼 공고를 나왔던 나만의 특색을 살려 기계업종 전체를 분

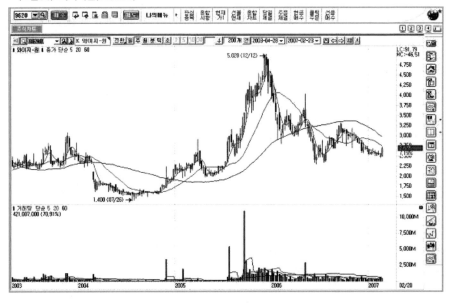

석했던 것이다. 그것을 통해 많은 투자 아이디어가 나왔고 주위 사
람들을 통해 그것을 확인할 수 있었다. 그러한 정보를 제공해 준 사
람들에게 수익금 중 일부를 답례했음은 물론이다. 투자란 자신이
가장 잘 알고 있는 기업에 투자하는 것이 좋다. 그리고 기업의 활
동이나 제품을 가장 잘 알 수 있는 곳이 바로 전람회나 박람회가
아닌가 싶다. 특히 분야별로 진행되는 전람회나 박람회를 권한다.
그래야 한눈에 업종전반을 살펴볼 수 있기 때문이다. 거기서 1등이
나 2등 기업이라면 최소한 투자에 실패할 확률을 크게 줄일 수 있
을 것이다.

편해지고 싶은 것은 만인의 욕구다

요즘 주말이면 결혼식을 찾아다니느라 늘 바쁘다. 나도 얼마 전에 가정을 이루었는데, 아내를 만난 것은 인라인 동호회를 통해서였다. 바쁜 시간을 짬을 내어 건강관리를 할 수 있을 뿐만 아니라 스트레스를 해소하기 위해 인라인을 타다가 지금의 아내를 만났던 것이다.

하루는 전前 직장 동료가 결혼을 한다고 소식을 전해왔다. 친하게 지내던 동료라서 결혼식에 참석하기로 했다. 하지만 그 친구가 사는 곳은 지방에서도 아주 외진 곳이라 찾아가기가 쉽지 않았다.

"어디라고? 나 지금 막 군산에 도착했어."

서울에서 이른 아침에 출발했지만 정작 결혼식이 있는 곳에 거의 다 와서 헤매고 있었다. 그리고 한참 시간을 허비하고 나서야 결혼식장을 찾을 수 있었다. 결혼식장 앞에는 친구들이 기다리고 있었다. 핸드폰 배터리가 다 떨어진 상태라 연락이 되지 않아 내 걱정을 하고 있었다.

"야, 넌 돈 많이 번다면서 네비게이션도 없냐?"

"뭐? 네비게이션?"

"이놈이 진짜 완전 촌놈이네. 네비게이션도 모르냐? 그것만 있으면 전국 어디든지 갈 수 있는데, 모른단 말이야?"

그제야 네비게이션이 무엇인지 머릿속에 떠올랐다. 신문을 통해 자주 들어보기는 했었다. 그러나 나는 출퇴근 때만 자가용을 이용했기 때문에 네비게이션의 필요성을 전혀 느끼지 못했었다. 친구의 말을 듣고서야 비로소 네비게이션을 하나 장만해야겠다는 생각이 들었다.

서울로 올라와 며칠 뒤 인터넷으로 네비게이션을 사기 위해 이곳 저곳을 뒤져보았다. 우선적으로 제품의 외형이나 가격보다는 고객의 사용 후기를 집중적으로 살펴보았다. 어떤 제품은 가격이 아주 저렴했지만, 별로 좋은 평이 올라와 있지 않았다. 반면에 어떤 제품은 가격대는 중간 정도이지만, 제품을 사용해보니 너무 좋다는 평이 줄줄이 이어져 있었다. 그렇게 스크롤을 하다 마침내 내 맘에 드는 것이 눈에 들어왔다.

'그래, 바로 이거야.'

내가 선택한 것은 아이나비였다. 일단 맵이 다른 네비게이션보다 시각적으로 뛰어났다. 그 일을 계기로 나는 네비게이션을 만드는 회사에 관심을 가지게 되었다. 이제 네비게이션은 자동차를 가진 사람에게는 필수품이나 마찬가지여서 매출이 엄청나게 많이 생길 거라고 봤던 것이다. 그러나 네비게이션 개발회사들은 아직 비상장이었다.

그렇게 얼마 지나지 않아 팅크웨어의 상장 소식이 전해졌다. 난 그 주식에 대해서 다시 면밀하게 검토했다.

'음, 아무튼 수요는 많이 일어나는데 IT제품이 그렇듯이 가격인하가 제일 문제군. 가격변화를 주시하면서 투자를 해야겠다.'

난 신규상장 주식에 대해서 조금은 알고 있었다. 거의 모든 회사는 업황이나 실적이 가장 좋을 때 상장을 해 높은 가격에 공모를 하지만, 좀 지나서 빠지는 것이 대부분이었다. 그렇지만 일부 주식은 공모자금을 이용하여 더 큰 사업과 비전을 가지고 있어 공모 이후 주가가 일시적으로 조정된 후 나중에 크게 간다는 것도 알고 있었다. 그래서 난 팅크웨어가 상장 후 후자 쪽일 것으로 보고 상장이 될 때부터 전략을 세웠다.

그렇게 공모 후 비상장일 때 주식을 산 사람과 공모를 받은 사람들의 이익실현 구간이 있고 난 다음 물량을 어느 정도 소화한 후 좋은 회사의 주식은 상승하듯 팅크웨어도 그 전철을 밟고 있었다. 결

• 〈그림57〉 팅크웨어(084730) •

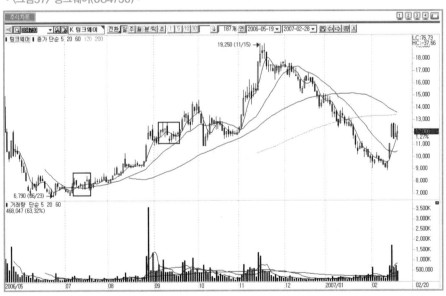

국 내 전략대로 상장 후 2달쯤 지났을 때 주가는 8,000원대에서 보합세를 유지하기 시작했다. 물론 두말할 나위 없이 나는 매수에 가담했다. 〈그림57〉은 팅크웨어의 주가추이를 나타낸 것이다.

〈그림57〉의 왼쪽 박스가 바로 나의 매수시점이다. 물론 전략은 맞아 떨어졌다. 그 이후 주가는 계속 상승하였다. 그런데 걸리는 것이 하나 있었다. 대개의 IT제품이 그렇듯 가격하락이 바로 그것이었다. 아니나 다를까. 가격 하락폭을 알아보기 위해 인터넷으로 동향을 알아본 결과 생각했던 것보다 네비게이션 가격이 상당히 많이 하락하고 있었다. 중국산 저가제품도 많았고, 이름 모를 회사들이 너도나도 제품을 내놓았던 것이다.

난 그래서 '적당한 수익에 만족하고 매도해야겠다'라고 생각했다. 그래서 8천 원대에 매수를 해서 1만 2천 원대에 매도를 하였다. 내가 매도한 이후 주가는 더욱 상승했지만, 네비게이션의 가격하락을 우려해 그 이후 다시는 매매하지 않았다. 비록 그렇게 큰 수익은 아니었지만 만족할 정도의 수익을 냈다.

이렇듯 생활 속에 항상 편리함을 제공해주는 회사는 관심 있게 볼 필요가 있다. 물론 무어의 법칙처럼 그러한 제품들은 최근에 급격히 통합되고, 진화한다. 그리고 그 속도는 어마어마하게 빠르다. 위에서 내가 매도를 한 것도 시장이 성숙기에 들어섰기 때문이다. 이러한 편리함을 주는 제품들은 그 제품의 속성상 성장기에서 성숙기까지는 투자의 가치가 있다.

하지만 성숙기 이후에는 큰 자본을 보유한 경쟁자나 과다한 경쟁자가 등장함에 따라 급격한 가격경쟁을 벌이게 된다. 이때는 매출은 답보상태에 머물고, 수익률이 줄어들 위험도 존재한다. 물론 그러한 판단은 기술 발전에 대한 이해와 함께 직감적인 부분에 속한다.

TV는 주식투자의 지름길

주식투자자라면 웬만한 마케터 못지않게 트렌드를 정확히 포착할 수 있어야 한다. 투자를 하는 데 있어 만약 자기만의 이론이나 법칙의 틀에 갇혀 있으면 그는 곧 도태되고 만다. 투자환경 자체가 그만큼 급변하고 있기 때문이다. 그래서 나는 언제나 예민하게 안테나를 세우고 다닌다. 회사에서든 술자리에서든 심지어 집에서든 한시도 그 안테나를 접지 않는다. 그러면서도 정보 하나하나를 빠르게 분석하여 그것이 주식과 어떤 연관을 맺고 있는지를 알아내기 위해 노력한다. 그런 면에서 봤을 때 신문이나 인터넷, TV 등의 매체에서 나오는 정보는 나에게 매우 중요하다. 그 가운데서 TV는 무엇보다 부가가치가 높은 정보를 제공해주는 미디어다.

한번은 휴일에 집에서 TV를 보고 있었다.

"여보, 다른 프로를 보면 어떨까?"

"그래요. 지금 드라마 재방송할 시간인데 다른 프로를 보죠."

아내가 리모컨으로 채널을 돌렸다. 그러다가 홈쇼핑 광고가 눈에 들어왔다.

"여보, 잠깐. 이것 좀 잠깐 보자고."

"뭔데? 홈쇼핑 광고인데 뭐 볼 게 있다고 그래요."

"그게 아니라……. 잠깐이면 돼."

"혹시 이쁜 탤런트가 나와서 그런 건 아니죠?"

아내가 찡끗 눈살을 찌푸렸다.

"절대 그게 아니라니까. 하하."

TV에서는 한 홈쇼핑 업체의 광고가 나오고 있었다. 한가인이라는 탤런트가 손가락으로 브이를 그리면서 "마음에 들 때까지"를 외치고 있었다. 그 기업광고는 우리홈쇼핑 광고였다. 한동안 내 시선이 거기에 멈췄다.

'아하, 우리홈쇼핑도 잘 나가나 보네.'

홈쇼핑이라면 내가 알고 있던 LG홈쇼핑과 CJ홈쇼핑 말고는 관심이 없었던 때였다. 주식투자자의 본능이 발휘되었다. 그리고 회사의 자료를 찾아보기 시작했다. 아직은 비상장이었다.

'비상장으로 나와 있는데 거기 회사 지분을 누가 가지고 있는 걸까? 개인이 가지고 있는 기업이라면 쉽게 CF가 나오지는 못할 거고, 분명 어떤 기업이 지분을 가지고 있을 거야.'

그리고 좀 더 우리홈쇼핑을 분석했다. 그 결과 우리홈쇼핑의 지분을 가지고 있는 회사가 다름 아닌 경방과 아이즈 비전이라는 사실을 알아냈다. 두 회사 모두 보유현금이나 자산대비를 해봤을 때 저평가되어 있는 상태였다. 〈그림58〉과 〈그림59〉는 경방과 아이즈 비전의 주가추이를 나타낸 것이다.

　그렇게 난 한가인 씨가 브이를 그리며 "마음에 들 때까지"를 외치는 우리홈쇼핑 광고에 힌트를 얻어 경방과 아이즈 비전에 투자해 수익을 거둘 수 있었다.

　TV를 통해 투자정보를 얻은 경우가 또 있다. 회사에서 퇴근한 후 집에서 식사를 하고 있었다.

　"여보, 요즘 회사 일 힘들죠?"

　"뭐 그렇지."

　"요즘 매일 늦게 들어오시잖아요."

• 〈그림58〉 경방(000050) •

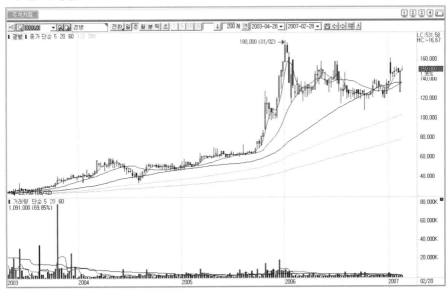

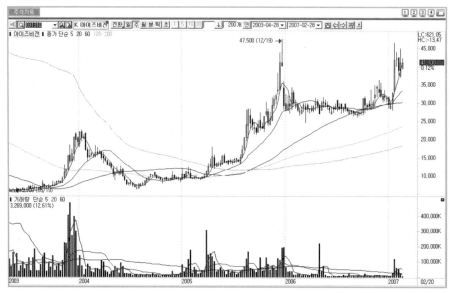

"그건 미팅 때문이라고 했잖아. 그리고 요즘 연말이라서 더 모임이 많아요."

"암튼 건강도 신경 쓰세요."

"우리 마누라가 걱정을 해주니 황송하네. 그래, 우리 마누라를 위해 몸도 마음도 튼튼히 하도록 하지."

그러나 내 시선은 저녁 9시 뉴스에 고정이 되어 있었다. 뉴스에서는 그 즈음 여러 차례 보도된 강원랜드 소식이 나오고 있었다. 예전에도 〈그것이 알고 싶다〉라는 프로그램에서 강원랜드에 대한 소식이 나온 적이 있었다.

"강원랜드에서 도박으로 돈을 잃은 남성이 자살……."

TV 뉴스에서는 사회적 이슈로까지 비화된 강원랜드와 도박문제를 보도하고 있었다. 나도 처음에는 별 생각 없이 스치듯 보았다.

'쯧쯧. 사행성 도박을 하면 안 되지. 모름지기 정직하게 땀을 흘려서 돈을 벌여야지.'

그러다가 이내 생각이 바뀌었다.

'가만 좋고 싫은 것은 나중 문제고, 내 본업인 주식투자의 입장에서 뉴스를 바라보자. 그래. 아무튼 도박 사업장은 절대 없어질 수 없을 거고, 또 자살로 몰고 갈 정도로 끊임없이 사람을 유혹하는 강력한 매력을 가지고 있다고. 적당히 하고 말고 할 수 있는 게 아니지. 그렇다면 강원랜드의 전망은 아주 좋은 편이라고 볼 수 있겠군.'

나중에 조사를 해보니, 내국인 출입이 가능한 카지노는 강원랜드 뿐이었다. 그 말은 곧 독점사업이나 마찬가지라는 것을 의미했다. 게다가 강원랜드는 주변의 스키장 오픈을 기점으로 종합 리조트로 발돋움을 꾀하고 있었다. 나는 망설임 없이 강원랜드에 투자를 했다. 그리고 높은 수익률은 아니지만 만족할 만한 수익을 거둘 수 있었다.

이처럼 나는 TV를 통해 주식투자 아이디어를 많이 얻는다. 지금도 나는 TV를 보며 주식과 연관된 것이 무엇인지 생각한다. 그리고 여전히 나는 생활 속에서 아이디어를 찾는다. 투자할 때는 절대 멀리서 찾지 마라. 자신이 가장 잘 아는, 그리고 자신의 가장 가까

운 곳에서 아이디어를 찾아라. 생활보다 더 확실한 투자의 해답은
이 세상 어디에도 없다.

주식투자는 전략이다

초판 1쇄 발행 | 2007년 6월 15일
초판 3쇄 발행 | 2009년 8월 5일

지은이 | 유수민
펴낸이 | 김진성
펴낸곳 | 휴인테북스
출판등록 | 2005년 2월 21일   제313-2005-000034호

교　정 | 이현정
디자인 | 이미연
관　리 | 장재승

주　소 | 서울시 마포구 서교동 357-1 서교프라자 619
전　화 | 02-323-4421
팩　스 | 02-323-7753
이메일 | kjs9653@hotmail.com

필름출력 | 상지피앤아이
종　　이 | 상지피앤피
인　쇄 | 천일문화사
제　본 | 아산문화사

값 11,000원
ISBN 978-89-956439-7-6 03320